人文社科
高校学术研究论著丛刊

小学英语教学理论构建与应用设计

王嵘 著

中国书籍出版社
China Book Press

图书在版编目(CIP)数据

小学英语教学理论构建与应用设计 / 王嵘著.--北京：中国书籍出版社，2020.8
ISBN 978-7-5068-7975-0

Ⅰ.①小… Ⅱ.①王… Ⅲ.①英语课－教学研究－小学 Ⅳ.①G623.312

中国版本图书馆 CIP 数据核字(2020)第 169450 号

小学英语教学理论构建与应用设计

王　嵘　著

丛书策划	谭　鹏　武　斌
责任编辑	吴化强
责任印制	孙马飞　马　芝
封面设计	东方美迪
出版发行	中国书籍出版社
地　　址	北京市丰台区三路居路 97 号(邮编：100073)
电　　话	(010)52257143(总编室)　(010)52257140(发行部)
电子邮箱	eo@chinabp.com.cn
经　　销	全国新华书店
印　　厂	三河市德贤弘印务有限公司
开　　本	710 毫米×1000 毫米　1/16
字　　数	207 千字
印　　张	16
版　　次	2021 年 10 月第 1 版
印　　次	2021 年 10 月第 1 次印刷
书　　号	ISBN 978-7-5068-7975-0
定　　价	76.00 元

版权所有　翻印必究

目 录

第一章　小学英语教学概述 ··· 1
　第一节　小学英语教学的目的与意义 ······················· 1
　第二节　小学英语教学的特点与原则 ······················· 7
　第三节　国内外主要的英语教学流派 ····················· 16

第二章　小学英语教学的常见技能 ································· 26
　第一节　备课与上课 ·· 26
　第二节　说课与听课 ·· 45
　第三节　评课与教学反思 ·· 54

第三章　小学英语教学的常见方法 ································· 62
　第一节　任务型教学法 ·· 62
　第二节　情境教学法 ·· 68
　第三节　全身反应教学法 ·· 75
　第四节　支架式教学法 ·· 80
　第五节　自然教学法 ·· 85

第四章　小学英语学习的常见方法 ································· 89
　第一节　合作学习 ·· 89
　第二节　探究性学习 ·· 100
　第三节　自主性学习 ·· 107

第五章　小学英语语音、词汇与语法教学 ················· 115
　第一节　小学英语语音教学 ·································· 115

第二节　小学英语词汇教学 …………………………… 125
　　第三节　小学英语语法教学 …………………………… 137

第六章　小学英语听、说、读、写技能教学 …………………… 142
　　第一节　听的教学 ……………………………………… 142
　　第二节　说的教学 ……………………………………… 151
　　第三节　读的教学 ……………………………………… 155
　　第四节　写的教学 ……………………………………… 161

第七章　小学英语教学的课堂辅助与课外活动 …………… 168
　　第一节　小学英语教学的课堂辅助 …………………… 168
　　第二节　小学英语教学的课外活动 …………………… 185

第八章　小学英语教学中多媒体技术的应用 ……………… 194
　　第一节　多媒体技术对小学英语教学的影响 ………… 194
　　第二节　多媒体技术在小学英语教学中的应用 ……… 206

第九章　小学英语教学评价 …………………………………… 215
　　第一节　小学英语教学评价的形式 …………………… 215
　　第二节　小学英语课堂教学评价 ……………………… 233

参考文献 ………………………………………………………… 242

第一章 小学英语教学概述

随着全球化进程的不断推进,英语已经得到了广泛的重视与关注。我国积极在小学课程中开设英语课程。自新课改以来,小学英语教学已经取得很大进步,从教学理念到教学方法,从教学模式到教学手段,都更加贴近学生英语学习和各项能力发展的客观需要。然而,小学英语教学不能满足于新课改以来取得的成果,应该更加清晰地认识到小学英语教学的目的、意义、特点、原则及教学流派,以取得更大的发展。

第一节 小学英语教学的目的与意义

一、小学英语教学的目的

整个基础教育阶段英语课程的任务可以描述为:培养学生学习英语的兴趣、自信心、良好的习惯、学习策略,发展自主学习能力和合作能力;使学生掌握一定的英语基础知识和听、说、读、写技能,形成一定的综合语言运用能力;培养学生的认知能力、想象能力和创新精神;帮助学生了解中西方文化差异,培养爱国主义精神,形成健康的人生观。

(一)总目标

课程目标是对课程任务的量化规定,可观察和测量。课程目标是指学生在学习某门课程后,学习所到达的结果,表现为学生的行为变化。课程的目标是具体的培养目标,是选择课程内容的依据。基础教育阶段英语课程的总体目标是培养学生的综合语言运用能力。综合语言运用能力的形成建立在学生语言技能、语言知识、情感态度、学习策略和文化意识等素养整体发展的基础上。语言知识和语言技能是综合语言运用能力的基础;文化意识是得体运用语言的保证;情感态度是影响学生学习和发展的重要因素;学习策略是提高学习效率、发展自主学习能力的保证。

小学生应达到的综合语言运用能力目标如表1-1所示。

表1-1 小学生综合语言运用能力目标

级别	综合语言运用能力目标描述
一级	对英语有好奇心,喜欢听他人说英语。能根据教师的简单指令做游戏、做动作、做事情(如涂颜色、连线)。能做简单的角色扮演。能唱简单的英文歌曲,说简单的英语歌谣。能在图片的帮助下听懂和读懂简单的小故事。能交流简单的个人信息,表达简单的情感和感觉。能书写字母和单词。对英语学习中接触的外国文化习俗感兴趣。
二级	对英语学习有持续的兴趣和爱好。能用简单的英语互致问候,交换有关个人、家庭和朋友的简单信息。能根据所学内容表演小对话或歌谣。能在图片的帮助下听懂、读懂并讲述简单的故事。能根据图片或提示写简单的句子。在学习中乐于参与、积极合作、主动请教。乐于了解异国文化、习俗。

(资料来源:中华人民共和国教育部,2012)

(二)分级目标

英语课程紧跟改革的步伐,国家在2001年颁布了《义务教育英语课程标准(2001年版)》,在2011年又颁布了《义务教育英语课程标准(2011年版)》(以下简称《标准》),将"内容标准"改为"分级标准",是对各个级别需要达到的具体目标的要求。其中,对语

第一章 小学英语教学概述

言技能提出九个级别的目标要求,在一级、二级提出了更为具体的语言技能目标要求,对语言知识、情感态度、学习策略和文化意识提出二级、五级和八级的目标要求。《标准》第二级为小学六年级结束时应达到的基本要求。

(1)小学生应该达到的语言技能目标如表1-2所示。

表1-2 小学生语言技能目标

级别	语言技能目标描述
一级	听做: 1.能根据听到的词语识别或指认图片或实物。 2.能听懂课堂简短的指令并做出相应的反应。 3.能根据指令做事情,如指图片、涂颜色、画图、做动作、做手工等。 4.能在图片和动作的提示下听懂简单的小故事并做出反应。 说唱: 1.能根据录音模仿说英语。 2.能相互致以简单的问候。 3.能相互交流简单的个人信息,如姓名、年龄等。 4.能表达简单的情感和感觉,如喜欢和不喜欢。 5.能够根据表演猜测意思、说词语。 6.能唱英语儿童歌曲15～20首,说歌谣15～20首。 7.能根据图、文说出单词或短句。 玩演: 1.能用英语做游戏并在游戏中用英语进行简单的交际。 2.能做简单的角色表演。 3.能表演英文歌曲及简单的童话剧,如小红帽等。 读写: 1.能看图识字。 2.能在指认物体的前提下认读所学词语。 3.能在图片的帮助下读懂简单的小故事。 4.能正确书写字母和单词。 视听: 1.能看懂语言简单的英语动画片或程度相当的教学节目。 2.视听时间每学年不少于10小时(平均每周20～25分钟)。

续表

级别	语言技能目标描述
二级	听： 1.能在图片、图像、手势的帮助下，听懂简单的话语或录音材料。 2.能听懂简单的配图小故事。 3.能听懂课堂活动中简单的提问。 4.能听懂常用指令和要求并做出适当反应。 说： 1.能在口头表达中做到发音清楚、语调达意。 2.能就所熟悉的个人和家庭情况进行简短对话。 3.能运用一些最常用的日常套语（如问候、告别、致谢、致歉等）。 4.能在教师的帮助下讲述简单的小故事。 读： 1.能认读所学词语。 2.能根据拼读的规律，读出简单的单词。 3.能读懂教材中简短的要求或指令。 4.能看懂贺卡等所表达的简单信息。 5.能借助图片读懂简单的故事或小短文，并养成按意群阅读的习惯。 6.能正确朗读所学故事或短文。 写： 1.能模仿范例写句子。 2.能写出简单的问候语。 3.能根据要求为图片、实物等写出简短的标题或描述。 4.能基本正确地使用大小写字母和标点符号。 玩演视听： 1.能按要求用简单的英语做游戏。 2.能在教师的帮助下表演小故事或童话剧。 3.能表演歌谣或简单的诗歌30～40首（含一级要求）。 4.能演唱英文歌曲30～40首（含一级要求）。 5.能看懂英文动画片和程度相当的英语教学节目，每学年不少于10小时（平均每周不少于20～25分钟）。

（资料来源：中华人民共和国教育部，2012）

（2）英语语言基础知识包括语音、词汇、语法、功能和话题五个方面的内容。小学生应达到的语言知识目标如表1-3所示。

第一章 小学英语教学概述

表 1-3 小学生语言知识目标

级别	语言知识目标描述
二级	语音： 1. 知道错误的发音会影响交际。 2. 知道字母名称的读音。 3. 了解简单的拼读规律。 4. 了解单词有重音。 5. 语音清楚，语调自然。 词汇： 1. 学习有关本级话题范围的 600～700 个单词和 50 个左右的习惯用语。 2. 了解单词是由字母构成的。 语法： 1. 知道名词有单复数形式。 2. 知道主要人称代词的区别。 3. 知道动词在不同情况下会有形式上的变化。 4. 了解表示时间、地点和位置的介词。 5. 了解英语简单句的基本形式和表意功能。 功能： 了解问候、告别、感谢、致歉、介绍、请求等交际功能的基本表达形式。 话题： 能理解和表达有关下列话题的简单信息：数字、颜色、时间、天气、食品、服装、玩具、动植物、身体、个人情况、家庭、学校、朋友、文体活动、节日等。

（资料来源：中华人民共和国教育部，2012）

（3）情感态度指兴趣、动机、信心、意志和合作精神等影响学生学习的因素以及在学习过程中形成的祖国意识和国际视野。小学生应该达到的情感态度目标如表 1-4 所示。

表 1-4 小学生情感态度目标

级别	情感态度目标描述
二级	1. 有兴趣听英语、说英语、背歌谣、唱歌曲、讲故事、做游戏等。 2. 乐于模仿，敢于开口，积极参与，主动请教。

（资料来源：中华人民共和国教育部，2012）

(4)学习策略指学生为了有效地学习而采取的各种行动,如认知策略、调控策略、交际策略和资源策略等。小学生应该达到的学习策略目标如表1-5所示。

表1-5 小学生学习策略目标

级别	学习策略目标描述
二级	1.积极与他人合作,共同完成学习任务。 2.主动向老师或同学请教。 3.制订简单的英语学习计划。 4.对所学习内容能主动练习和实践。 5.在词语与相应事物之间建立联想。 6.在学习中集中注意力。 7.尝试阅读英语故事及其他英语课外读物。 8.积极运用所学英语进行表达和交流。 9.注意观察生活或媒体中使用的简单英语。 10.能初步使用简单的学生英汉词典。

(资料来源:中华人民共和国教育部,2012)

(5)文化意识是指对本民族文化和西方文化异同的认识。小学生应该达到的文化意识目标如表1-6所示。

表1-6 小学生文化意识目标

级别	文化意识目标描述
二级	1.知道英语中最简单的称谓语、问候语和告别语。 2.对一般的赞扬、请求等做出适当的反应。 3.知道国际上最重要的文娱和体育活动。 4.知道英语国家中最常见的饮料和食品的名称。 5.知道主要英语国家的首都和国旗。 6.了解世界上主要国家的重要标志物,如英国的大本钟等。 7.了解英语国家中重要的节假日。

(资料来源:中华人民共和国教育部,2012)

二、小学英语教学的意义

随着全球化浪潮席卷世界各个角落和领域,英语作为一种具有人文性的交际工具,其重要性就更加凸显。英语是作为第二语言学习最多的语言,中国的英语学习者数量在世界上遥遥领先。正是由于英语的突出价值,英语教学也被社会置于显著的地位。儿童时期是可塑性最强的时期,所以小学是基础教育阶段的重头戏。一些心理学研究表明,小学生处于学习语言的关键时期,所以小学英语教学是奠定学生整个英语学习生涯的基础。明确将小学英语课程作为国家规定必修课程的是2001年教育部颁布的《国家基础教育课程改革纲要(试行)》,从这个文件开始,国家要求从三年级起开设英语课程。

第二节 小学英语教学的特点与原则

自国外的班级授课制引入我国以后,众多教育学者开始使用"课堂教学"这个概念。实际上,课堂教学与班级授课制是相同的概念。随着教育的不断发展,课堂教学突破传统的知识论的框架,而站在了生态的高度。小学英语课堂教学表现出了与其他阶段的教学不同的特点,并且需要遵守一定的原则。

一、小学英语教学的特点

学习是发生在一个生态系统中的,因此小学课堂教学也可以称为生态化课堂教学。生态化课堂教学比较注意课堂教学生态主体自身以及生态主体与课堂教学生态环境之间的相互作用。课堂教学生态主体包括教师和学生。小学英语生态化课堂教学就是由教师、学生、教学环境等形成的一个复杂交互的生态系统。

(一)开放性

小学英语课堂教学的一个重要特征就是开放性。开放性体现在以下两个方面。

1.课堂教学资源的开放性

小学英语课堂教学资源,既来自教材教辅资料,还取自小学生在课外的现实生活。当然,教学资源是经过筛选的,选择的依据就是师生间的知识交流和情感传递。换言之,教学主体在日常生活中进行生活体验,并不断总结经验教训,然后积极构建出相关的知识,真正实现课堂教学的知识在生活中的运用。

2.课堂教学主体的开放性

在小学英语课堂教学中,教师和学生不断地重复信息传递和信息接收的过程,进行持续的互动交流。教师和学生有着巨大的差异,主要体现在知识水平、生活阅历、情感态度等方面。教师会无意识地将自己的知识水平、生活阅历、情感态度等带入实际教学活动中,同时学生根据自身发展特点有选择性地吸收。因此,伴随着整个课堂教学活动的是教师和学生之间的信息流动。

(二)互动性

依据生态的基本观点,任何事物都处于一定的关系之中。学校是教育生态系统的子系统,在学校这个子系统中,学生和教师作为其中的两个因子相互作用、相互交往。教师和学生之间是一种以学生最终的发展为目的而联系在一起的共生关系。教学过程中信息的传递是相互的、双向的。如果教师和学生之间的互动保持相对平衡、有序,他们才能有效发挥各自的作用,进而实现和谐统一的发展。如果教师和学生之间的互动被打破,那么教育要素之间的平衡就被打破了,这不仅会损害师生自身的发展,也会损害整个学校甚至整个教育的发展。师生之间的交流和沟通是一种连续不中断的过程,在不断的动态变化发展中寻找平衡点。教师不断提高自身的教学水平和理论水平,从而应用到实践教学中,促进学生的可持续发展。学生获得的成绩也体现了教师的价值,并且是对教师的一个鼓励。因此,在小学英语生态教学中,教师和学生之间形成的是一种相互依存、共同发展的关系。

(三)生活化

小学生年龄尚小,处于发育阶段,对英语的接触普遍较少。小学英语教学为了吸引学生的注意力,就会安排与学生生活密切相关的教学内容,让学生感受到英语与自身生活的联系。并且将生活中的话题引入课堂,便于学生在生活的情境中更好地理解教学内容,使学生容易获得成就感,从而激发学生的英语学习兴趣。

此外,教学的语言材料和课堂上的教学活动反映了小学生所熟悉的生活,并且由近及远、由小到大、由简到繁逐渐展开。教学的语言材料真实、实用,以便学生在用中学、学中用,从而实现学用结合。可见,小学英语教学呈现出生活化的特点。

(四)情境性

课堂教学环境对于教学活动的顺利开展有很大的影响。小学生的注意力集中水平有限,小学英语教师更应该注重课堂教学环境的建设。课堂教学环境一般分为人文环境、语言环境和自然环境。

1. 人文环境

人文环境主要通过教师和学生之间的情感交流以及互动氛围体现出来。它是一种隐形的环境。小学生比较天真,缺乏人际交往经验,所以小学英语教师应该在营造人文环境方面起主导作用。教师要通过倡导师生之间的平等交流以及游戏、歌曲、表演、小组合作等教学方式,来营造一种开放、自由、和谐的人文环境,打开学生的心灵,促进学生的英语学习。

2. 语言环境

依据认知发展心理学,小学生的认知发展处于具体运算阶段。具体运算阶段的认知特点是具体性,需要借助具体事物来辅助思维,不容易在纯粹语言叙述的情况下进行推理。他们只能对当时情境中的具体事物的性质和各事物间的关系进行思考,思维的对象限于现实所提供的范围。他们可以在具体事物的帮助下顺利解决某些问题。

语言与认知的发展是相互促进的,个体的语言能力是在个体和环境相互作用过程中逐渐发展起来的。小学生认知结构的特征决定了该阶段教育的具体性、直观性。语言环境对于外语学习非常重要,而中国学生没有现成的英语环境。因此,小学阶段的英语教学应创设具体、直观的语言情境。为此,教师要充分利用和开发电视、录音、录像、光碟、幻灯、投影等情境教学手段,设计真实的语言交流活动,使学生在运用语言的过程中学习和掌握语言。

3. 自然环境

课堂教学的自然环境主要是指课堂中教学物品、工具的呈现方式。

(1)为了和学生进行更加亲近的交流,教师应该设置开放的桌椅摆放方式,应该摒弃那种教师高高在上、学生默默倾听的桌椅摆放方式。

(2)教室墙面的张贴画和装饰应该取材于真实的生活场景,这不仅能够拉近学生与课堂教学的距离,也使得学生更容易理解英语,也有利于创造英语语言交流的环境。例如,在学习和水果有关的英语时,可以将学生喜欢的水果图画张贴在墙壁上,让学生学习它们的英语名称,这样不仅装饰了教室,也有利于学生的英语学习。

二、小学英语教学的原则

(一)整体性原则

小学英语课堂教学是一个整体的生态系统,所以应该遵循整体性原则。整体性原则包括理论和实践两方面的整体性。

1. 理论上的整体性

理论上的整体性包括以下两个方面。

首先,在小学英语课堂教学的系统中,教学主体、学习主体、课堂教学环境以及它们之间的相互关系,共同构成一个有机的整体。需要特别注意的是,学生的主体地位是最关键的因素。因此,小学英语课堂教学不仅要重视学生对英语知识的掌握,更要将学生看成一个完整的生命体,从而全面发展学生的英语综合能力,并且重视学生人格、价值观的培养。

其次,在小学英语课堂教学系统中,教师与学生也构成了一个统一的有机整体。教师作为教学主体,处于该系统的主导地位。但是,这并未否认小学英语课堂教学以学生为中心的科学理念,学生的全面发展始终应该是教师最为关注的对象。教师不仅要了解学生的个体性差异,而且要尊重学生身心发展的规律,从而使学生形成积极的学习态度、高昂的学习热情,这有利于英语课堂教学质量的提升,进而影响着教师教学态度与教学能力的展现。因此,小学英语课堂教学系统的师生关系是实现师生间共生的前提。

2. 实践上的整体性

在实践上,小学英语课堂教学包括语言知识教学以及语言技能教学,这些因素彼此之间相互联系,共同构成小学英语教学这个统一整体。具体来讲,当学生阅读一篇文章时,可以根据自己的需求采取精读或略读,文章是由词汇和语法构成的,有时学生不需要理解文章中每个单词的具体意义,只需要从整体上感知文章即可,这样有利于文本感情的表达。如果将一篇文章割裂成单词、短语、单句等形式,那么文章的整个语境都会被改变甚至会被破坏,文章语义自然也会受到影响,这并不利于学生英语基础知识的习得。

(二)融合性原则

语言和文化是同一的。在小学英语课堂教学中,文化主要涉及母语文化和英语文化。爱德华·伯内特·泰勒(Edward Burnett Tylor)在19世纪70年代出版的《原始文化》一书中强调,在民族学的框架内,文化是由知识、信仰、艺术、道德、法律、习俗以及作为一个社会成员的人所习得的其他一切能力和习惯组成的一个整体。[1]

融合性原则是指教师在小学英语课堂教学中要重视文化的导入和渗透,将语言教学与文化教学融合起来。学生对文化的了解,可以促进他们对英语知识的掌握。学生对英语知识的掌握,又反过来促进他们对文化的了解。因此,在小学英语课堂教学中必须对学生进行文化导入。具体来讲,文化导入的方法有以下几种。

1. 比较

有比较,就有结果。只有在比较中,事物的特性才会表现得更加明显。经过了不同的历史轨迹,中国和西方国家在长时间的历史积淀中形成了不同的文化。因此,在跨文化教育中,教师可以通过母语文化和英语文化的比较,来让学生更加深刻地认识母语文化和英语文化。在跨文化交际中,学生也因此提高了文化敏

---

[1] 严明.跨文化交际理论研究[M].哈尔滨:黑龙江大学出版社,2009:2.

感性，会更加重视文化对于交际的影响，从而减少甚至避免文化差异引起的交际冲突。打个简单的比方，问别人的行程和年龄在中国是很正常的，但是在西方人看来是对隐私的侵犯。

2. 外教

外教不仅可以提升学生的英语学习兴趣，还能真正促进学生跨文化交际能力的提高。外教作为异域文化中的成员，能够引起一批学生的好奇心，这些学生在与外教接触和交流的过程中增强了对英语口语表达的信心，还能收获课堂上学不到的社会文化背景知识，能真正提高英语文化敏感度和英语交际能力。另外，学校可以定期利用外教组织英语角，这样就为学生创造了纯正地道的英语环境和文化环境，有利于学生英语听力和口语能力的提高，从而使得学生跨文化交际能力也有一定的进步。

3. 多媒体

当今信息技术如此发达，学生对于各种媒体唾手可得，如手机、互联网、广播和报刊等。学生借助这些媒体，可以观看许多国外的电影、电视剧以及欣赏英语歌曲等，这就为学生学习文化知识提供了极大的便利。

艺术来源于生活，而高于生活。影视剧的创作也是基于导演对现实生活的思考，反映了本民族的社会文化。因此，学生在观看、欣赏和思考影视资料的过程中，尤其是那些以社会变迁和发展为主题的纪录电影，就能增长文化知识，对国外的生活方式、风俗人情有着更多的认识。观看影视剧，也是让人放松心情的一种手段，不会遭到学生的排斥，并且通过画面的视觉冲击，学生能够获得更直观、更深刻的印象，学生在放松的同时，学习了外国文化知识，可谓一举两得。

教师利用耳熟能详的歌曲进行跨文化教育，不仅可以激发学生的兴趣，集中学生的注意力，而且创造了轻松愉悦的教学氛围，在这种情况下，跨文化教育的效果就会更好。

4. 戏剧表演

教师可以将优秀的但是传播度不高的英语书籍介绍给学生,并以书中的文化知识为主题开展戏剧表演。戏剧表演需要在教师的指导和监督下进行,以便真正实现文化导入的目的。微型剧包括 3~5 幕,每一幕包含一两个文化事件,学生在参与戏剧的过程中,可能会产生一些文化误读的现象,通过反思、调查之后,就能找出文化误读的根本原因,从而学习了文化知识。另外,教师可以通过组织参观文化展览、举办英语文化主题讲座等形式进行文化导入。

5. 师生互动

教学不应该是单向行为,而应该是双向行为。因此,文化导入应该真正回归到教学的本质上来。

首先,教师要培养学生正确的文化心态,使学生平等看待一切文化。

其次,教师要营造平等、自由和开放的互动氛围,鼓励倾听和表达,使得学生尽情发挥,畅所欲言。在互动过程中,教师和学生扮演不同文化中的角色,使学生理解外来文化。

(三)平衡性原则

小学英语课堂教学系统中的各个组成部分在一定的条件下都处于相对稳定的状态。当有外界因素干扰或自身生存环境发生变化时,系统平衡就会被打破,从平衡状态进入不平衡状态。但是,由于教学系统具有一定的调节能力,可以对系统中各个部分进行调整,因此最终依然能够使该系统恢复平衡状态。小学英语课堂教学系统的这种从平衡到不平衡再到新平衡的过程,是一个动态发展的过程。因此,小学英语课堂教学必须遵循平衡性原则。

首先,平衡性原则体现在课堂教学与外部环境之间的平衡。

第一章　小学英语教学概述

一方面，为了促进学生的自主学习，学校要为小学英语课堂教学配备其所需的各种网络设备，如电子白板、计算机、投影仪等，并且定期检查更新这些教学设备。另一方面，学校要重视英语教师的培训，定期组织在职教师外出学习，或者订阅一些英文期刊、开展英语沙龙活动，以便提高英语教师群体的整体教学能力和素养。小学英语课堂教学的有序开展，建立在和谐的小学英语教学环境的基础之上。如果教学环境失衡，也就满足不了学生英语学习的需求。

其次，小学英语课堂教学过程是一个动态发展的过程。因为学生是变化的，随着学生年龄的变化，学生的知识储存量、认知水平、情感情绪、价值观可能都会发生变化。这就要求教师根据学生现有的状态来制订教学目标、设计教学过程，这样才能使教学系统处于相对稳定的状态。

(四)可持续发展原则

世界环境发展与委员会(WCED)在《我们共同的未来》报告中对"可持续发展"做出了这样的定义："既可以满足当代人的需求，又不会对满足后代发展所需要的能力构成危害的发展。"[①]可持续发展原则包含多种关系的协调发展，如人与自然的关系、人与社会的关系、人与人的关系。

小学英语课堂教学系统也必须遵循可持续发展原则，这体现在以下两个方面。

首先，小学英语课堂教学不能只是一味地满足当下一时之需，要始终贯彻"授之以渔"的教学理念，坚持学生的可持续发展不动摇，应该教会学生如何学习，进而使学生具备终身学习的能力。

其次，小学英语课堂教学不仅要关注学生英语综合能力的发

---

① 席艳华.小学英语生态化课堂教学策略研究[D].聊城：聊城大学，2017：28.

展,更应该注重学生心理的发展和健康人格的养成。只有这样,小学英语课堂教学才能培养出社会所需要的合格人才。教师、学生、教学环境等作为小学英语课堂教学系统的重要组成部分,彼此相互作用,构成一个完整的有机整体。其中任何一个组成部分的发展都不能以牺牲其他组成部分的利益为代价,因为每个组成部分都是相互作用的,其中一个组成部分的缺失必然导致教学系统平衡链的断裂。所以,小学英语课堂教学生态系统必须坚持可持续发展。

第三节 国内外主要的英语教学流派

一、掌握学习流派

20世纪中期,美国联邦政府为了促进科技的发展,从而满足自己称霸世界的需要,正式颁布《国防教育法》,强调加强自然科学、数学和外语的教学,重视职业教育和天才教育。当时,美国国内外都在掀起一场轰轰烈烈的结构主义课程改革,布鲁纳(Bruner)作为其典型代表提出应重视学科结构的观念,认为教师应该向学生传授学科之间内在联系的知识体系,并提倡发现学习法,但是忽视了知识与社会生活的联系。这场改革只培养了少数英才,并且造成一些学生极度缺乏基础知识,最后以中等教育质量的下降收场。在反思这种结局之后,美国社会又掀起了一场"恢复基础"的运动,强调课程应该重视读、写、算等基本功的训练,主张教学以教师为主导。可惜的是,这两场教育改革都没有达到美国政府预期的目标。在这种背景下,美国著名教育家和心理学家本杰明·布卢姆(Benjamin Bloom)在20世纪60年代中期提出了掌握学习理论,该理论是指为了所有学生的全面发展,基于班级授课制和及时反馈的辅助,为学生进行个性化需求的辅导。它主要包括以下几种基本观点。

(一)新学生观

依据传统教育理论,学习能力和智力作为稳定的、不可控制的个性,决定了学业成就的大小。传统教学用正态分布来描绘学生的能力,固定化地认为三分之一的学生能完全掌握教学内容,三分之一的学生能达到一般的学业水平,三分之一的学生无法达到合格的学业水平。学生能感受到教师的这种固定化的设想,最后使得学习成绩较好的学生得到了教师更多的关注,而那些学习成绩落后的学生被教师忽视。教师的这种固定化预设,压抑了师生的抱负水平,也削弱了学生的学习动机。很多学生在不断地遭受挫折和屈辱之后,他们的自我观念也被摧毁了。

布卢姆对这种传统教学习惯不以为然,他认为每个人都具有大致相同的学习潜能,只要在时间充足和具备适当帮助的情况下,所有学生都能高质量地完成一门学科的学习。布卢姆在研究"好学生和差学生""学得快的学生和学得慢的学生"两个设想后,对分层教学、按成绩分组分班提出了质疑。他认为在具备适当的学习条件的前提下,大多数学生都具有相接近甚至等同的学习能力、学习速度、学习动机等。掌握学习能够成功地使大部分学生达到较高的学习水平,达到进一步学习的高动能。这种"所有学生都能学好"的学生观,有利于学生自我学习意识的增强以及学习态度的转变,从而使学生把更多课内时间用于积极学习。

(二)反馈矫正系统

传统教学只有班级授课的形式,平时测验和期末测验是用来排名的,缺少个别化辅导。但是,掌握学习理论的实质是班级教学和个性化辅导的结合。教师通过诊断性或形成性测试,及时了解学生已经达到的水平以及学习的漏洞,并针对性地采取补救和矫正措施,最大限度地使每一位学生都可以完成学习目标。

(三)教学变量对学习成绩的影响

布卢姆认为,很多种教学变量影响着学习成绩。如何处理这些教学变量之间的关系,就关系到掌握学习的策略。这些教学变量包括学习时间、恒力、学生的特殊能力倾向、教学质量、学生的接受能力等。

在卡罗尔(Carroll)的教学模式的基础上,布鲁姆提出了自己的三变量教学模式。卡罗尔的教学模式包括五个教学变量,它们之间的具体关系如图1-1所示。

$$学习达成度 = f\left(\frac{实际学习时间}{必要学习时间}\right)$$

$$= f\left(\frac{允许用于学习的时间 \times 恒力}{能倾 \times 教学质量 \times 教学理解力}\right)$$

图 1-1 卡罗尔的教学模式

(资料来源:亢宣华,2018)

根据图1-1可知,允许用于学习的时间和恒力决定了实际学习时间,允许用于学习的时间属于外部因素,恒力属于内部因素。当允许用于学习的时间足够多,但是恒力较低,实际学习时间就没有增加,教学效率低下。能力倾向、教学质量和教学理解力决定了必要学习时间。能倾和教学理解力属于学生因素,教学质量属于教师因素,其中关键因素是教学质量。可见,不能通过单纯地增加学习时间来取得达成度。

布卢姆的三变量教学模式如图1-2所示。

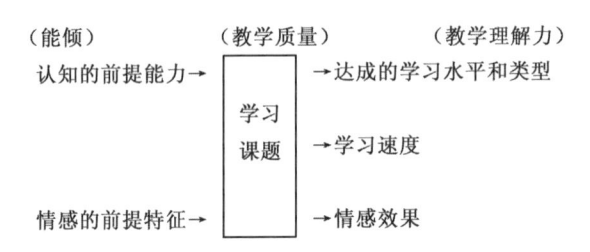

(能倾)	(教学质量)	(教学理解力)
认知的前提能力→	学习课题	→达成的学习水平和类型
		→学习速度
情感的前提特征→		→情感效果

图 1-2 布卢姆的三变量教学模式

(资料来源:亢宣华,2018)

二、建构主义流派

心理学家皮亚杰(J. Piaget)首次提出了建构主义(Constructivism),创立了著名的日内瓦学派,该学派主要关注的是幼儿认知的发展。皮亚杰认为,幼儿与周围环境的互动过程包括同化和顺应,他们在这个过程中形成了对外部世界的初步认识,产生了自我认知结构。同化,简单来讲,就是外在刺激和已有的知识发生联系的过程;顺应就是当已有信息无法适应外在刺激,认知结构发生改变的过程。幼儿通过同化和顺应两个过程达到和环境的平衡,当已有知识不能同化新信息,平衡就被打破了,从而通过顺应来建立新的平衡。在"平衡—不平衡—平衡"建立的这一过程中,幼儿形成了自己的认知结构。斯腾伯格(Sternberg)等学者进一步研究了个人主动性在认知发展中的作用,维果斯基(Lev Vygotsky)则研究了文化历史在认知发展中的作用。

(一)个人建构主义流派

个人建构主义理论提出了两种教学模式,分别是抛锚式教学(Anchored Instruction)和随机访问教学(Random Access Instruction)。

1. 抛锚式教学

抛锚式教学是基于抛锚(即真实存在的事件与问题)的一种教学模式,该模式认为当抛锚被创设以后,教学内容和进度就跟着确定了。建构主义理论认为,学生要通过对直接经验的感知、体会而不是教师的间接经验,来深刻地领悟各种知识之间的相互联系,这样才能建立学习的意义。抛锚式教学包括以下几个流程。

(1)创设情境。教师要为学习创造一种类似于真实环境的学习情境。

(2)确定问题。确定问题的过程也就是抛锚,教师在自己所创设的真实情境中挑选与学习内容密切联系的事实。

(3)自主学习。教师只向学生传递处理问题的方法,如获得信息的方法以及其他学习者处理类似问题的方法等。自主学习包括获得信息的能力、安排学习内容的能力以及应用信息、评价信息的能力。

(4)合作学习。学生之间在讨论、交流的过程中,了解彼此的观点,并进一步确立自己的观点。

(5)后果评价。抛锚式教学将学习界定为解决问题的过程,因此对教学效果的评价要通过观察具体的学习情况来进行。

2. 随机访问教学

随机访问教学也称为"随机进入学习",即学习者在学习相似的内容时可以自由选择学习途径或方法,进而获得更多的相似的知识。传统教学只是为了夯实基础知识和训练技能而机械地重现教学内容,随机访问教学则是通过让学生多次"接触"相似的内容,来获得对知识的完善理解。依据弹性认知理论(Cognitive Flexibility Theory),随机访问教学对反复重现相似内容的时间、场景和目的有着一定的要求,最后都是为了实现学生的理解能力和转移知识的能力。随机访问教学包括以下五个流程。

(1)展示基础情境。教师让学习者接触和当前学习主题有关的情境。

(2)随时介入学习。教师通过激发学生的自主学习能力,来让学生挑选材料和有关当前学习主题的情境。

(3)拓展思维练习。随机访问教学包括的复杂的学习材料对学生的思考力提出了较高的要求。首先,教师提出有利于提升学生的认知力的问题,并和学生发生互动。其次,教师要通过特定的问题了解学生的思想特征。再次,教师要重视学生的发散思维力的养成。

(4)组内组间合作学习。教师通过创设一定的情境,在学生中间开展组内组间商讨。在这个过程中,老师和学生的观点都被揭示出来,并影响着彼此,最后形成反馈。

(5)学习后果评判。评判方式包括小组评判和自身评判。

综上所述,建构主义学习尽管形式各不相同,但都包括情境创新、协同学习等教学环节,这是学生获得知识和建构意义的基础,取决于建构主义的学习环境。

(二)社会建构主义流派

20世纪30年代初,基于对"如何解决儿童自然成长与成人教学之间的关系"这个问题的探索,以及对社会建构主义理论的思考,苏联心理学家维果斯基提出了"最近发展区"理论,该理论是指儿童发展的某个阶段在有指导的情况下借成人的帮助所达到的解决问题的水平(潜在发展水平)与独立活动中所达到的解决问题的水平(现实发展水平)的差距。该理论致力于研究儿童潜在能力的发展,核心思想在于发展儿童潜在能力,不仅有儿童自身内化知识的过程,还有与成人或者同伴的互动。该理论包括"两个水平"和"三个区域"。

1."两个水平"

教师在进行教学活动之前必须要确定儿童发展的"两个水平"。

第一种水平是儿童现有的发展水平,是儿童通过先天性或者偶然性自然成长所形成的稳定的内部心理机能,在独立解决问题时会表现出来。

第二种水平是儿童潜在的发展水平,是还在发展的内部心理机能,也是儿童在成人的指导下或与同伴合作的情况下所表现出来的解决问题的能力。

最近发展区就是这两个水平之间的差距,是儿童可能的发展区域。

该理论指出,教师必须要准确了解学生目前的能力水平,并且为学生找到潜在发展水平,确定最近发展区,设计教学过程,引导学生走向更高的潜在发展区。该理论确立了教学在儿童成长过程中不可替代的先导性作用。

2."三个区域"

第一个发展区域是儿童的现有发展区域,即儿童在正式接受教育之前所形成的认知水平。这是教学的起点,教育者需要在了解儿童现有发展区的基础上开展教育。如果最初的课程难度超过了学生的现有发展区域,就会导致学生无法理解课程内容,进而挫伤学生的学习积极性,最后无法实现教学目标。反之,如果最初的课程难度远远低于学生的现有发展区,就无法激发学生的学习动机,从而导致无效教学。

第二个发展区域是与儿童目前认知水平临近的区域,即最近发展区。教学需要根据学生的最近发展区来设计课程难度,从而保证教学的有效性。然而,每个人因为个体差异的存在所具有的最近发展区也是不同的。

第三个发展区域是指儿童未来所能达到的认知水平,是能力空白区域,具有不可确定性。教师即使通过某种教学活动,使得学生到达了最近发展区,但是仍然没有到达未来发展区。

3.学生发展水平转化生成的动态性

教师应以学生的现有发展水平为教学起点,在最近发展区域内设计课程,力图使学生达到潜在发展水平,将旧的潜在发展水平转化为学生新的现有发展水平,从而扩大学生的现有发展水平范围,形成新的最近发展区后,再在新的区域内进行教学,从而实现教学促进发展。在这个过程中,学生的最近发展区是一个动态变化的区域,向第三个区域——未来发展区不断移动,如图1-3所示。

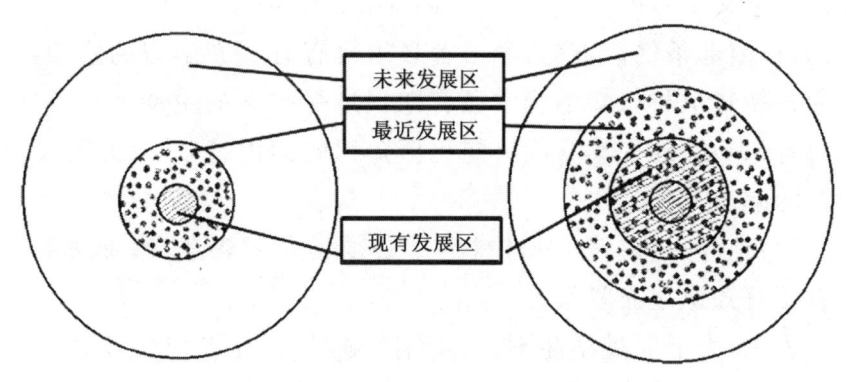

图 1-3　学生发展水平转化生成的动态性

(资料来源：张炬，2018)

三、认知同化学习流派

美国认知教育心理学家戴维·保罗·奥苏贝尔(David Pawl Ausubel)基于对传统学习理论的批判，提出了认知同化学习理论。该理论的基本观点如下。

(一)认知同化的概念

奥苏贝尔认为，学习是认知结构的组织和形成，因此教学的关键作用在于培养学生良好的认知结构。新信息和已有知识只有发生相互作用，新信息才会对学生产生意义，学习效果才会令学生感到满意。这种新信息和已有知识之间的相互作用其实就是同化，因此学习就是已有知识同化新知识的过程。

(二)有意义学习

依据学习材料与学习者已有知识之间的联系，奥苏贝尔将学习分为有意义学习和机械学习。当新的学习材料和学习者已有知识之间发生了自然的本质联系时，就是有意义学习。在有意义学习中，学习者已有知识同化了新信息，新信息进入学习者的认知结构中，成为学习者的知识，从而使学习者的认知结构发生改变。有意义学习的实现,建立在内部和外部条件的基础上。

(1)内部条件。首先,学习者必须具有有意义学习的愿望,表现为将新知识与认知结构中已有知识进行联系的主动性。其次,学习者认知结构中具有能够同化新知识的知识基础,这是有意义学习的起点。

(2)外部条件。学习材料本身必须具有逻辑意义,能够和学习者已有知识建立联系。

可见,为了促进学生对新知识的学习,首先要增强学生已有认知结构中能够与新知识关联的旧知识。

(三)学习动机

奥苏贝尔不仅承认学习动机对学习的巨大影响,而且十分重视成就动机,也就是学生想要提高成绩的愿望。成就动机主要由三方面的驱力组成:认知驱力、自我增强驱力和附属驱力。

(1)认知驱力是指学生具有追求知识的欲望,以及正确陈述问题、顺利解决问题的倾向。为了提高学生的认知驱力,教师应该让新的学习内容与学生认知结构之间有适当的距离。

(2)自我增强驱力既可以指追求近期的学业成绩,也可以指关注远期的职业生涯。这是因为近期的学业成绩在很大程度上决定了远期的职业生涯。自我增强驱力的产生源于学生凭借才能和成就获得社会地位的心理倾向,学生担心学业失败而失去社会地位和自尊的焦虑感迫使其提高自我增强驱力。

(3)附属驱力是指学生为得到周围人的肯定而学习的需要。

(四)学习组织

奥苏贝尔认为"应该知道的知识"与"需要知道的知识"之间往往隔着一段距离,因此提出了两大学习组织的原则。

(1)逐渐分化原则。该原则认为在学习新知识时,学生应先学习一般的、概括性最强的概念,再根据法则逐渐分化,这主要是针对下位学习。奥苏贝尔认为演绎性获取比归纳性获取更省时省力,并且持续性更好。

(2)整合协调原则。该原则认为学生需要通过新知识和已有知识的比较来寻找二者之间的区别和联系,使得新知识在进一步分化的同时,进而实现新知识和已有知识之间的整合,这主要是针对上位学习和组合学习。

为了贯彻"逐渐分化"和"整合协调"的原则,奥苏贝尔提出了先行组织者策略。在学习新知识前,教师应该先向学生呈现一些概括性较高、包摄性较广、容易为学生接受的引导性材料,将最能与新知识建立联系的观念植入学生的认知结构中,学生利用这些观念来建立新旧知识间的实质性联系。这些引导性材料就是所谓的组织者,由于这些组织者通常是在正式教学之前呈现,因此又称为"先行组织者"。

第二章　小学英语教学的常见技能

小学英语教学经过长期的发展积累了丰富的教学经验,这些经验经过相关学者的总结形成了实用的教学技能。对于每一位小学英语教师而言,想要上好英语课,充分提升自己的教学水平,就需要熟悉且灵活地使用各种教学技能。因此,本章主要研究小学英语教学中的备课、上课、说课、听课、评课、教学反思这几个方面的技能。

第一节　备课与上课

一、备课

备课是指教师根据学科课程标准的要求和本课程的特点,结合学生的具体情况,制订明确的目的要求,选择最合适的表达方法和顺序,以保证学生有效地学习。一堂课的成功取决于多个因素,包括教师备课、学生实际、课堂环境、学习氛围、教师的教学经验和知识水平等,其中备课是决定成败的关键之一。备好课是每一位教师上好课的基础,是切实提高教育教学质量的前提。我国学生学习英语的主阵地是课堂教学——它占据着教师和学生主要的时间和精力。只有课堂教学的效率最优化,才能最大限度地减轻学生的课后负担。

(一)备课的原则

备课是英语教师综合素质的体现,英语教师可以通过备课展

第二章　小学英语教学的常见技能

现自己扎实的专业知识基础、理解和处理教材的能力、了解学生智力和心理发展水平的能力,选取可行的教学方法,进行自我学习、自我知识更新、自我实践与自我创新。备课要贯彻以下原则。

1. 实用性原则

备课的目的是为了更好地授课。因此,教师必须深入研究教材,了解社会实际和学生的实际,并将三者有机地结合起来,在此基础上制定教学目标。授课之前,教师要全面考虑如何落实教学目标,教学活动的设计要围绕着目标的达成,而且这些活动应有较强的可操作性与实用性。否则,教学目标制定得再好,教学过程中的活动再多,其作用也不能很好地发挥出来,教学效果依然不会令人满意。

2. 学生主体性原则

教师在备课中要突出学生的主体地位,充分发挥学生的主动性和积极性,营造宽松和谐的学习气氛,激发学生的学习兴趣和求知欲望,帮助他们树立自信心,获得成就感;尊重个体差异,培养学生的自主学习能力。《标准》倡导体验、参与、合作与交流的学习方式,使语言学习的过程成为学生形成积极的情感态度、主动思维和大胆实践、提高跨文化意识和形成自主学习能力的过程。研究表明,学生参与课堂教学的方式对学生的学习结果具有决定性的影响。

因此,教师在备课时,首先要对学生的学习心理、认知过程和学习方式进行分析研究,不能只凭借自己的经验去考虑怎样开展教学活动。在备课的过程中,要增加学生语言活动的预设,要为学生尽力准备可能激起他们好奇心态和兴趣的活动,尽量让学生的好奇心在动手操作、合作交流、观察讨论中得到满足,尽量激发他们的求知欲,并将教学评价贯穿于备课过程的始终。

3. 因材施教原则

《现代汉语词典》对"因材施教"是如此解释的:针对学习者的

能力、性格、兴趣等具体情况实施不同的教育。教育是面向全体学生的。《标准》强调全面发展学生的综合素质,同时也特别关注学生的个体差异。众所周知,学生在智力因素和非智力因素各方面都存在着极大的差异,有的学生思维能力强却不善于表达,而有的学生在语言理解、文字表达方面比较突出;有的学生擅长形象思维却在逻辑思维方面有所欠缺,而有的学生正好相反;有的学生学习时的依赖性较强,而有的则相对独立。

另外,学生的学习基础和社会背景也导致他们在认知能力等方面产生不同程度的差异。因此,教师在备课时要考虑学生的个体差异性,认真斟酌所设计的教学活动是否能满足班级各个层次、各种学习风格的学生的要求,注重因材施教。教学评价不可采用统一的标准,要根据学生的具体情况采用合理的评价方法,让每个学生都能享受到学习的快乐。

(二)备课的环节

首先,备课可分为个人备课和集体备课。个人备课是教师自己钻研教材,根据已有的教学经验对教学内容进行统筹规划的过程。集体备课是各所学校各个学科都会进行的教研活动。集体备课是以教研组为单位,组织教师集体研读课程标准和教材、分析学情、制订学科教学计划、分解备课任务、审定备课提纲、反馈教学实践信息等。每次集体备课一般要确定一位主备课人。主备课人的任务是找出教学难点及其突破方法、学生可能碰到的问题及解决方法,根据自己或其他老师拥有的资料,根据教学内容在教学目标、教学重点等方面进行备课,备出详案。备课组成员则根据教学内容以及学情,提出自己的见解及看法。

集体备课可以发挥众人的智慧,准确把握教学重难点,提高学校整体教学水平;有利于促进所有教师的成长,特别是青年教师的成长;可以减少教师重复备课的现象,提高教学教研水平;有利于资源共享,提高工作效率;对于培养一种交流、合作、研究的学术气氛,集体备课也功不可没。集体备课的本质是研究,核心

第二章 小学英语教学的常见技能

是集体研讨。在集体备课中,备课组成员研讨的重心是主备课所备教案的不足之处,就不足之处提出弥补和改进措施。要坚决抵制集体备课中的华而不实、只做表面文章的工作作风,提倡真正各抒己见,勇于、敢于质疑,力争使集众人之长的新教案精益求精。

无论是集体备课还是个人备课,都可以分为以下几个环节。

1. 学期备课

学期备课是在新学期开始前,教师在钻研课程标准和通读教材的基础上,制定出本学期的教学目标和要求,划分出教材的重点和难点,根据教学内容、教材中的习题安排好一个学期的教学进度,根据学生的知识水平和认知能力,合理分配教学时间和教学内容,并制定出切实可行的教学方法,为全学期教学做好准备工作。

学期教学计划,可以用文字或表格的形式呈现,视需要而定。学期备课的主要任务是钻研课程标准,全面熟悉教材。在假期里,教师要把课程标准、教科书和基本参考资料钻研一番,知晓学科总的目标要求、教材编写的原则和方法,了解对学生要进行哪些基础知识的教学和基本技能的训练,明确各个单元的目标要求以及它们之间的内在关系,同时掌握重点难点,划分本学科在各个阶段的具体教学任务,并合理制定课时。

课时计划制订好之后,必须了解学生,对班上的学生,特别是差生要进行全面深入的了解,了解他们的特点,发现他们潜在的长处,以采取相应的教学措施。教师通过学期备课,可以明确教材的逻辑系统,知道教材编排的理论依据,及其在整个教材体系中所处的位置。这有助于教师在讲课时分清主次,突出重点,合理地安排学习参考书籍,同时有助于教师对教学所需的教具事先做好充分准备。

2. 单元备课

现行教材每册书都被分成若干单元。在每个单元教学之前,教师还应进行单元备课,确定每单元的教学目标和教学重点,制订出单元教学计划。单元备课的基本内容包括单元名称、单元教学目标、单元知识结构、重点、难点、学生情况分析、课时划分等。单元备课主要解决以下问题。

(1)进一步熟悉与掌握本单元的教学内容、教学目的、教学要求与教学重点。

(2)根据本单元教材的重点、难点、关键点,确定教学的重点、主次、先后、简略等要素。

(3)妥善处理本单元的课时安排及教学活动步骤,并配备相应的主题。

(4)研究适合于本单元教学内容的教学方法。

(5)以单元为单位,把听、说、读、写、练恰当地结合起来,通盘考虑对学生综合能力的培养。

通过单元备课,教师可以全面分析一个单元的教材,从整体出发,通盘考虑这一单元的教学计划和教学方法;可以有较充分的时间来钻研课本中的疑难问题,并事先加以解决;可以把备课和业务学习更好地结合起来,不至于"临渴掘井""临阵磨枪",并使二者能相互促进。

只有把单元教学计划制订好,充分考虑每一节课在一个单元中的地位和作用,才能把系统、明确、重点突出的知识传授给学生。

3.课时备课

每册教材都由若干个单元构成,每个单元的教学任务都是通过每节课去完成的。因此,教师在完成学期备课和单元备课的基础上,即钻研全册教材和单元教材之后,要认真备好每一节课。

首先,要根据教学内容以及教学计划的进度恰当划分课时。划分课时要注意分散教学难点,适当分配教学内容以确保教学任务的完成。其次,在进一步熟悉教材的基础上写出具体教案,阐明课时教学目标、教学重点难点、教学方法、教学过程及教师活动

第二章 小学英语教学的常见技能

和学生活动的安排、时间分配、板书设计、课内外练习题等。

对于全册教材、单元教材和每节课教材的钻研,要贯彻"从全体到部分,再从部分到全体"的原则,即要领会每一部分知识在全册系统中所占的地位,以及这部分知识与其他新旧知识之间的联系。

4.课前备课

教案或讲课稿准备好了,就意味着备课工作的结束,可以顺利地上好一堂课了吗?答案是否定的。教案完成后,还要进行课前备课,进一步熟悉和把握本次课的教学内容。

首先,要阅读讲稿或教案,进一步熟悉本次授课内容,其目的是使教师能达到一定的熟练程度(以基本脱稿为最高境界),并正确无误地传授科学知识。

其次,对备课做自检,在脑中反思:本次教学内容的主线是什么?本次课教学的重点在哪里?是否做到"突显"到位?难点在哪里?采取什么绝招突破?如果要使用多媒体教学,课前还应检查一下多媒体课件的运行效果。对于初次上课的青年教师而言,教学内容应留有适当的余量,防止因时间控制不当提前讲完时备用。

不少有经验的教师,他们的课前备课已经不再是去熟悉教材、默记讲稿,而是面向学生,着重研究用什么方法去教会学生。所以,课前备课,除了要熟记教材以外,还要备方法、备感情、备语言、备教态、备教具。总之,如果课前备课充分,能把讲授的内容熟练默记,能把要运用的教学方法了然于心,课堂秩序就会有条不紊,讲起课来才能得心应手。

5.课后备课

美国著名学者波斯纳提出:教师成长=经验+反思。也有专家认为,优秀教师=教育教学过程+反思。因此,要想提高教学水平,提高教师自身素质,做好课后备课是极为重要的。课后备课是教师备课过程中不可缺少的重要环节。

一节课,不论教师备课时考虑得如何严密细致,也不可能十分周全地把学生在课堂中的反应都设想出来。课堂上随时会有不确定因素出现,促使教师及时调整教学方案。因此,一节课下来,进行反思就显得十分必要。

教学效果怎么样?

教学目标是否完成?

重点、难点讲清楚没有?

学生参与教学活动的情绪是否积极而饱满?

教师的教态、语言是不是恰到好处?

这些问题,教师只有在讲完课后才会发现。教师在做课前准备工作时,一般会对课堂教学效果有一个预先的期待和估计,课讲完之后自然可以把预期结果与实际效果作一个全面的对比,这一对比实际上是对课堂教学过程的自我检查。只有这样,教师才能经常保持对自己教学工作的自知。课后总结必须和调查研究相结合,不断分析与研究学生提出的问题和意见,不能因为经验与意见零碎、细小而等闲视之。课后反思是教师提高自我的有效措施,实际上是一次避免教学重复失误、总结推广成功经验的再备课,是一个去粗取精、去伪存真、完成由实践到认识的飞跃的过程,对于教师的备课能力的提高是非常重要的,应成为教师尤其是青年教师的一种自觉的教学行为。

(三)备课的内容

教师备课一般包括以下几个方面的内容。

1.备教材

教材是学生课堂学习的主要文本,是教师授课的主要依据。教师只有吃透教材才能做到上课时胸中有教案,才能更好地驾驭课堂,把课上好。教材是知识的载体,是教师对学生进行教育教学的主要依据,是设计教学安排、编写教案的基础。一切教学活

第二章　小学英语教学的常见技能

动都必须建立在对教学内容的深刻理解和熟练驾驭的基础上。备教材要掌握以下五个环节。

（1）掌握新课程标准。作为小学英语教师，要认真学习、研究小学英语教学的目的、任务及新课程理念，掌握新课程标准、小学英语教材的编排体系和知识脉络。根据每个年级每学期每单元的学习目标，考虑如何备课、讲课。

（2）掌握教材内容之间的联系。教师通过钻研教材的编排体系，一方面应当了解教材内容的纵向联系，弄清楚教材中单元之间的知识联系；另一方面，还应弄清楚教材中词汇、句子、语法、课文以及练习之间的横向联系。这种联系大多是以语法内容、词汇搭配以及交际项目为线索来进行贯穿的。

（3）掌握重点和难点。教师要努力抓住每学年、每一学期、每一单元、每课的重点。即在钻研教学的时候，了解哪些是次要部分，哪些是重点知识，哪些是一般知识，以及它们之间的相互联系。只有这样，才能达到突出重点的目的。难点是学生在学习过程中难以理解消化、不易掌握或操作困难的内容、技巧等。探讨疑难问题的攻破方法是提高教学质量的重要一面。因而，教师要深入到学生之中，做认真的调查研究工作。要善于从知识的发展规律和学生的认识规律来分析教材，从而确定难点。

（4）掌握教材的特点。教材特点在很大程度上决定着备课的结构、教学活动的组织及教学方法的选择，不同特点的教材要选择不同的教学方法。因此，教师在研读教材的过程中，特别要准确把握教材的特点，才能有针对性地选择恰当、科学的教学方法。例如，PEP小学英语教材编写的总体思路是以话题为纲，以交际功能和语言结构为主线，逐步引导学生运用英语完成具有实际意义的语言任务。该教材是以话题为中心来安排单元教学内容，以词汇、对话、语篇这三个模块来安排话题的教学内容，而且教材内容贴近小学生的生活。因此，教师在授课时可以针对各年级小学生的年龄特点，采取不同的教学方法，让学生更乐于学习英语。

（5）掌握教改信息。教改，广义上指教育改革，包括一个国家教育制度等方面的改革;狭义上指学校的教学改革,包括教学方法、教学手段、教学模式等方面的改革。只有及时准确地掌握最新教改信息,接受现代化教学理念,丰富教学活动,拓宽学生的思维空间,才能激发学生的学习兴趣,提高课堂教学效果,使学生得到全面发展。

2.备学生

教师讲课的主要目的,是为了使学生更好地掌握知识,因而要彻底改变那种"只见物(教材)、不见人(学生)""闭门造车"的状况。教师对教材作深入的钻研之后,应该更深入地了解学生的实际,做到"知己(教材)知彼(学生)"。在备课时,教师要细心研究,分析学生的个体差异,包括每个人的学习水平、接受能力、学习习惯、学习态度等。针对不同学生,设计出多种教学方案和训练手段,以达到每个学生都能保持较浓的学习兴趣,都有所得。教师还要充分关注学生兴趣发展中的个性需求,对于不同性格、年龄、经历和生活环境的学生因材施教。只有在深入了解了学生情况的基础上,教师才能使教案切合教学实际,才能做到教学时有的放矢。怎样了解学生的情况呢? 一般有以下几种方法。

(1)带新班课时,先向班主任和其他任课老师了解班级学生情况,可以查阅学生的鉴定和成绩表,在正式开始上课前举行一次摸底测试。

(2)使用"教学观察"技能,掌握学生的一言一行、一举一动;在课堂讲授或指导学生学习的同时,对学生的学习行为进行有目的、有计划、有组织的感知,以获取教学反馈信息;通过教学观察,及时知晓自己的教法是否适应学生的需要,学生是否听懂了讲授的内容,学生对教学所持的态度怎样等,以便及时对教学做出调整,以减少无效劳动,确保教学活动不偏离预定的教学目标。

(3)通过课堂提问和作业批改来了解学生的实际水平和接受能力,特别是其困难所在。

(4)师生之间进行思想交流、感情沟通,以便及时了解学生的思想变化、学习状态,并进行疏导解决,以期达到急学生之所急,答学生之所疑,师生共同发展、共同进步的目的。对学生有了较全面的了解,教师在备课时就可以根据学情,有针对性地决定教学内容,选择适当的教学方法。

3.备教法

教学方法十分重要,切实可行的教法会产生事半功倍的效果。教学也是一种艺术。同样一门课程,有的老师教倍受学生欢迎,有的老师教学生意见挺多,有的老师讲课绘声绘色,让学生兴致盎然,有的老师讲课寡然无味,让学生昏昏欲睡。这与教师是否会"教"有很大关系。所以,在备教材、备学生的基础上,教师要善于从各种教学流派中汲取经验,根据学生的认识规律,选择适当的教学方法。

教师备教法时既要熟练掌握单一的传统教学方法,如讲授法、谈话法、讨论法、实验法等,又要根据英语学科的特点,实施自主参与、自主探究、小组合作、分层发展的学习策略。同时教师要更新模式,探索和采用有利于学生开拓创新、个性发展的教学手段,如情景教学法、愉快教学法、感悟教学法、探索教学法等。

另外,作为21世纪的英语教师,要能够熟练掌握现代化教学手段并用其来辅助教学。教师备教法,应从学科特点和学生实际出发,根据教学内容,选用适合学生的方式方法,将学生的积极性、主动性、创造性调动起来,用具有个人独特风格的教学方法让学生满怀信心,富有兴趣,活泼、生动地学习。

4.备学法

"教是为了不教"。教师教得好,不如学生学得好。正所谓"授之以鱼,不如授之以渔"。教师在备课时,要有意识地加强对学生学习策略的指导,让学生在学习和运用英语的过程中逐步学会如何学习。教师要力争做到以下几点。

(1)鼓励学生参与制定阶段性学习目标,帮助其找到实现目标的方法。

(2)引导学生结合语境,采用推测、查阅或询问等方法进行学习。

(3)设计探究式的学习活动,促进学生实践能力和创新思维的发展。

(4)引导学生运用观察、发现、归纳和实践等方法,学习语言知识,感悟语言功能。

(5)引导学生在学习过程中进行自我评价,并根据需要调整自己的学习目标和学习策略。

但是,对不同的教学内容,不同程度的学生需要采取不同的学法。应注意,采用任何学习方法都应注重培养学生积极参与、亲身体验、独立思考、合作探究、自主学习的态度和精神,使学生形成具有个性的学习方法和风格。

5.备练习

授课时,教师仅仅靠给出的例子或课本上的练习往往不能保证学生对所学知识的掌握。因此,教师在备课时还要精心设计各种练习材料和解题方法。练习设计一定要从教材内容和学生基础这两个方面去考虑,练习的程度和数量也要针对不同学生的需要。所设计的操练和练习要尽可能地联系学生的实际生活;应根据学生的年龄、生理、心理特点来巧设练习,激发其兴趣,创设一个生动活泼、轻松愉快的学习环境来巧设练习;要考虑题型的多样化和练习方式的多样性,以便吸引学生的注意力,使学生处于积极的学习状态,从而进行高效的学习。

设计练习时,要考虑学生的个体差异性。教师准备的各种练习既要有思考性强、难度较大的,也要有难易适中和比较容易的。这样可以使班级中不同学习层次的学生都各有所练、各有所获,使全体学生投入课堂教学活动中去。

第二章　小学英语教学的常见技能

6. 备作业

作业是使学生深入理解、牢固掌握所学知识的重要手段,是促使学生认知、能力、情感全面协调发展的重要途径。改善学生的学习方式,培养学生的创新精神、实践能力,不仅要落实在课堂教学中,还必须贯彻于作业训练等各项课外学习活动中。教师备课时应充分考虑如何让学生通过作业真正掌握所学内容。

备作业时,教师要重点抓住课后习题,要弄清楚教材编排者设计这些练习与习题的目的。课后习题一般代表着学生需要掌握的最基本内容,做练习可以帮助学生理解、巩固所学知识。另外,教师要根据学生的实际情况,设计能够培养学生能力的更高要求的作业,满足程度较好的学生的需求。无论何种作业,教师都要事先自我练习,尤其是初任教学工作的青年教师,更应如此。教师通过亲自做习题,可以有效地避免知识性错误,深刻领会教材的精神实质,发现教材编排的规律,明确其深度和广度,达到提高教学效果的目的。

7. 编写教案

教案是上课的重要依据。教师经过备课,会把备教材、备学生、备教法、备学法、备练习、备作业等内容编写成以课时为单位设计的具体教学方案。教案是教学内容各方面的统一。一份规范的教案,无论其形式怎样变化,其结构的主要组成部分应该是类同的,一般包括四个组成部分。

(1)概况,包括授课班级、学科、课题名称、授课时间、教学目标、教学方法、教学重点和难点、课型、教具等。

(2)教学过程,包括教学步骤及其时间分配、教学内容的安排、教学方法的具体运用。

(3)板书、板画设计。

(4)教学后记,即教师课后的小结或教学随想。教师及时总结教学的得与失,有利于教师及时改进教学,不断提高教学水平。

一份优秀的教案应当具有科学性、实用性、针对性、发展性和创见性。为保证教案的科学性,教师对教材的钻研要做到懂、深、融三个方面。懂,就是对教材的基本思想、概念要弄清楚;深,就是对教材非常熟悉,厘清纵横联系;融,就是教师的思想感情和教材的思想性、科学性融合在一起。做到这三个方面才能够理清思路,设计出切实可行的教案。设计教案时还应弄清新旧知识的联系,充分利用知识迁移规律,对新授知识的铺垫、引入、讲解、巩固练习及智力开发等环节做出科学合理的安排,以符合学生知识形成的规律性和能力发展的渐进性,不能用主观臆断决定教学进程。

教案不是为了应付教学检查的,是教师用来授课的,所以要有实用价值。教师应根据自己的需要和习惯,规划好具体的教学过程,写出富有个性特色的教案。新教师缺乏教学经验,课堂上往往丢三落四、顾此失彼,教案应写得具体详细些,以避免课堂上的失误。老教师经验丰富,课堂上得心应手,教案可写得简略些。记忆力好、表达能力强的教师,教案可以略写,反之,则要详细些。

总之,编写教案应因人而异,繁简适当,以教学运用自如为准则。要克服形式主义的做法,防止教案上是一套,课堂上是另一套。课堂教学是面对具体的学生进行的,所以必须有针对性。没有针对性,就没有可行性。在不同的班级,即使是同样的教学内容,但教学的起点、坡度、密度、难度可能都不一样,教师要针对不同的学生在教案中体现出区别,做到因材施教。

教材不会每年改变,但人的认识是随着实践的深入而不断提高的,科学知识是随着时代的发展而发展的。由于时代的需要、学生的变化,教师必须对先前的旧教案进行修改,重新编写,使之更完美。这是教案编写的发展性的体现。

国家提倡教学改革。那么如何强化课堂教学的思想性,如何科学地传授基础知识,如何培养学生的自学能力、实践能力和创新能力,如何指导学生的学习方法,如何提高课堂的利用率,如何减轻学生课后的负担等,教师在编写教案时都要加以考虑,这样的教案才足以体现教学改革思想,才富有创见性。

二、上课

上课是教师"教"和学生"学"之间最直接的对话,是整个教学工作的中心环节。上课凝聚着教师对教学的理解、感悟,闪烁着教师的教学智慧和创造精神,反映了教师的业务水平和教学能力。不断探索如何上好课应该是每一位教师孜孜不倦的追求。

(一)把握小学英语课堂教学的特点

根据小学生的生理和心理以及发展需求,教育部制定的《小学英语新课程标准》明确规定,小学阶段英语课程的目的是:激发学生学习英语的兴趣,培养他们学习英语的积极态度,使他们建立对英语的自信心;培养学生一定的语感并为其打下良好的语音、语调基础,使他们形成初步运用英语进行简单日常交流的能力,为进一步学习打下基础。因此,小学英语课堂教学应具备以下特点。

1. 激发学生学习的兴趣,提高其学习效率

小学生学习的动机不是很明确,兴趣是主要的动力。心理学研究表明:学生的学习兴趣是在学习的过程中,由于经常体验到学习的乐趣,多次获得成功的满足逐渐形成的一种比较稳定的动机和求知欲望。教育学研究表明:当教育能引起学生的兴趣时,就能使学生在学习中集中注意力,更好地感知、记忆、思维和想象,从而获得较高、较牢固的知识与技能。因此,教师要在教学中为学生积极创造能够获得学习乐趣和成功的机会,从而激发学生学习的兴趣,并且要使学生持续保持学习的兴趣,从而提高学习英语的效率。为此,教师要从符合小学生年龄特点的角度出发,遵循教育学、心理学、教学法、语言学等有关原则,在小学英语教学中大胆运用符合小学生认知规律和心理特征的教学方法。

2.丰富课堂教学活动,让学生在"动"中学得英语

活动在学生的认知情感和个性行为中起着重要作用。教学活动是师生共同参与的活动,而英语教学主要是以语言实践活动为主。教师通过在课堂上设计一系列丰富的教学活动,如说唱、猜谜、传话、表演、竞赛等来吸引小学生的注意,提高其学习兴趣,使他们在轻松愉快的环境中去感受语言、理解语言、使用语言,真正做到在玩中学、在学中玩。在整个过程中,教师要积极引导学生参加各类活动,对基础较薄弱的学生,要体现出耐心、关心、爱心,多鼓励这些学生,帮助他们树立学英语的信心。同时,要培养学生参与活动时的团结协作精神,使教学活动得以顺利进行,并取得理想的效果。

3.创设情景,让学生在交际中运用英语

兴趣是学习英语的动力,活动是提高小学生英语运用能力的主要途径。教师要保持学生学习的兴趣,就必须精心设计教学活动,并使活动情景化,让学生在交际中运用英语。外语的使用离不开一定的情景,小学英语教学强调在情景中学,在情景中用。教师在整个课堂教学过程中,无论是呈现新知识,还是巩固、复习旧知识,都应尽量在一种有意义的情景中进行,增加语言实践的真实感。情景教学有助于学生通过视觉、听觉加深对外语的理解;便于学生进行语言操练活动,激发学习的兴趣,提高记忆效果和教学效率;同时也有利于培养学生用英语思维的能力。

(二)正确处理教师与学生的关系

新课标强调改变学生传统的学习方式,倡导在学生中开展"自主、合作、探究式"的学习。因此,教师要能较好地处理课堂上与学生的关系,把握好自己的角色。

第二章　小学英语教学的常见技能

1. 发挥教师的主导作用,体现学生的主体地位

英语教学是师生交往互动、共同发展的过程,是教师引导学生开展积极的英语活动的过程。新课标强调学生的主体地位,但是由于小学生处于学习的起步阶段,经验储备不足,知识和能力还有待发展,因此教师必须加强学习引导,充分发挥主导作用。

2. 教学的设计要满足学生的需要

在英语教学中,学生学知识的过程是师生双方交互作用的过程,教师应激发学生学习的积极性,向学生提供充分参与英语活动的机会,帮助他们在自主探究和合作交流的过程中真正理解和掌握基本的英语知识与技能、英语思想和方法,获得广泛的英语活动经验。

学校、教师、课程都是为学生服务的。因此,教师在英语课堂的每个决策环节上都要充分考虑学生的需求并以此为依据,而不能一味地满足学校或教师的愿望。

3. 体现因材施教,建立新型的师生关系

教师在授课时要充分关注学生的个体差异。尊重个体差异指的是英语课程的设计及安排要充分考虑学生在语言基础、学习潜能、兴趣爱好、学习风格等方面存在的差异,既不能机械地用统一的标准来要求每个学生,也不能只让学生学习单一的学习材料。在英语《标准》实施过程中,应尽可能满足不同学生不同的学习需要。

《标准》强调,教师是学生学习的合作者、引导者和参与者。教学过程是师生交往、共同发展的互动过程。交往意味着人人参与,意味着平等对话。教师的角色由居高临下的权威转向"平等中的首席"。在《标准》中,传统意义上的教师教和学生学,将不断让位于师生互教,彼此形成一个真正的"学习共同体"。教学过程不只是忠实地执行课程计划或方案的过程,而是师生共同开发课

程、丰富课程的过程。

(三)把握小学英语课的主要流程

小学阶段英语教学的目的是培养学习兴趣和激发学习动机,使学生养成良好的学习习惯,形成有效的学习策略,建立初步的学习英语的自信心。

一堂好课不在于教师教得如何精彩,而在于学生在教师的引导下是如何学的。教师在一堂课的各个环节,无论是新课的导入、知识的讲授,还是新句型及新对话的呈现,要想使学生自始至终保持学习积极性,都要精心设计好教学活动,要时刻关注学生参与活动的态度、学生参与活动的广度和学生参与活动的深度三个方面。

1. 课前热身

教师应做好课前几分钟的教学组织,要尽可能亲切自然。这样可以帮助调整学生的情绪,引导学生集中注意力,抓住他们的兴趣,使他们处于一个快乐的课堂氛围中。热身的方法通常有每周一歌、值日报告、每日新闻、角色扮演、讲故事等。这些形式经常变换,避免学生出现兴趣疲劳。

2. 新课导入

导入是教师引导学生进入教学主题,把握教学重点的首要环节,是教师在传授新的教学内容时,通过建立与教学有关的情景,将学生带入新知识准备状态的一种教学行为。导入是课堂教学关键的一步。教师要力争用巧妙的方法抓住学生的注意力,使学生在最短的时间内进入最佳的学习状态,在轻松的氛围中进行学习。

3. 新知呈现

教师通过导入阶段抓住学生的注意力后,就要进行新知识的

第二章 小学英语教学的常见技能

呈现。新知呈现是指教师运用不同教学手段向学生展示或解释新的知识内容,让学生认识和理解新语言项目的形式、发音、意义和应用等。根据小学生的年龄特点和心理特点,教师要注意运用有效的呈现法,所呈现的内容应该简洁精确,过程要生动形象,语言要准确规范。

(1)直观展示。单词教学在小学英语教学中必不可少。小学英语教材中大部分单词都表示的是具体事物,是一些学生熟悉的形容词、名词,如表示学习用品、交通工具、动物的单词等。教师可以通过实物、卡片或简笔画等把本堂课要学的单词呈现在学生面前,让学生有初步的直观感受,这对他们理解、识记新知识十分有帮助。例如,在介绍方位介词的用法时,教师可以用一个色彩鲜明的大纸盒和一个具有对比色彩的小球,或是一个可爱的小动物玩具以刺激感官、激发兴趣。通过变换两个物体的空间位置关系,学生直观地体会到 on, in, under, behind 的用法及区别,再结合简单的句型练习,使学生基本掌握方位表达法,同时也避免了用单纯汉译英的方式学习词汇。

(2)多媒体呈现。现代化教学辅助手段如电脑、投影、幻灯等可以使抽象的材料具体化。这些教学媒体通过真实的内容和较强的表现力,可以吸引学生的注意力,并且降低学生对新知识理解的难度,弥补教师用实物展示时所不能达到的效果。例如,在教颜色词 red, black, white, brown, orange, yellow, green 时,可以设计以下课件作为呈现方式:用动画制作出可说话的太阳,太阳说"I'm the sun. I'm red."然后按动操作键,屏幕上依次出现会说话的 black hat, white paper, brown crayon, orange dress, yellow flower, green tree,作自我介绍之后,各种物品会以 what color 句型互相询问。这样的呈现可以将抽象、呆板的文字变得直观、形象、明了、清晰,使语言的功能在动态的画面中得到充分的体现,学生对语言的感知理解也会更为深刻。

(3)录音呈现。通过播放录音,让学生从听觉上对所学的单词、短语、句型或课文进行感受并跟读,教师要在单词的语音、语调上及时给予指导和纠正。

4. 巩固新知

在学生对所学单词的读音已基本掌握后,要尽快加强学生对单词音、形、义三方面的联系。在这一阶段,可以使用实物、卡片或教学课件再次呈现所学的知识。对于三年级的学生,要求其能正确拼读;三年级以上的学生,除正确拼读外,还要求能正确地书写所学内容。

5. 交际操练

基础教育阶段英语课程的任务之一是使学生掌握一定的英语基础知识和听、说、读、写技能,形成一定的综合语言运用能力。因此,无论在新知呈现阶段还是在知识的巩固操练阶段,教师都要给学生创设真实、生动的教学情景,让学生在开放、和谐、积极互动的语言环境中进行交际操练,使学生能在一种自然、真实的氛围中体会语言,感悟语言的功能。研究表明,学生课堂活动的参与程度与其语言的熟练程度成正比。学生在积极参与情景真实的交际操练时,可以较快地掌握所学的语言知识。为此,引导、鼓励学生参与交际训练,保证学生训练的时间和空间是教师在课堂教学中要认真把握好的一个环节。为激发学生的主体意识,使其发挥主体作用,教师可以利用多媒体设备来突破教学的重点和难点,融文字、声音、图像为一体,创设学生主动参与语言交际活动的情景,让学生在真实的情景下轻松地进入角色,操练当堂课所学习的语言知识,培养语言的实际运用能力。

6. 布置作业

课后作业是学生对课堂教学的深化过程,是巩固知识、形成能力的重要手段,是培养学生良好的学习习惯、促进学生个性发展的重要途径。传统的作业一般是抄写单词和句子,学生往往觉得枯燥乏味,无任何兴趣。完成抄写任务成了学生课后的负担,

第二章　小学英语教学的常见技能

这种作业对巩固知识效果不大。因此,教师在进行作业设计时要注意形式的多样性,以激发学生的兴趣,并且培养其能力。

"听说为主,书写为辅"是新教材的特点。教师可针对教材的特点,让学生回家听当天所学知识的录音,跟磁带反复模仿,注意语音、语调、语速,练习地道的口语。针对学生长时间写单词毫无兴趣且效果不好的现状,教师可以布置一些变写为画的作业,如学习身体各个部分、学习用品、动物、食物、家庭成员名称等,都可以让学生回去画图,并配上单词,第二天让学生在小组间用英语介绍自己所画的内容。学生在画和展示的同时,既复习了自己所学的内容,又锻炼了口语,而且印象深刻、不易忘记。另外,让学生在课后就课文进行情景对话表演或英语小短剧表演,可以让学生在真实的场景中锻炼口语。

总之,为使自己的教学安排符合新课标理念下的教学目标与要求,教师要想方设法激发学生学习英语的兴趣,要精心设计好课堂教学的每一个环节,使学生乐于学习,善于学习,真正成为学习的主人。

第二节　说课与听课

一、说课

随着教学改革的深入,说课这一带有教育科研性质的教研形式应运而生。说课是指教师在特定的场合,在精心备课的基础上,面对评委、同行或教研人员系统地口头表述自己对某节课(或某单元)的教学设计及其理论依据,时间一般为10~15分钟。说课不仅是一种能够集中、简约地表达教师教学理念、教学设计的教研形式,而且融备课、上课、议课于一体,在一定意义上达到了教学理论和教学实践的有机结合,成为一种全新的教学表达方式。

(一)说课的内容

进行说课之前,教师一般先作自我介绍,再简单说明本次说课的课题及该课题出自哪个版本的教材,供哪个年级使用,处于教材中的第几单元、第几课时。整个说课一般包括以下几个方面的内容。

1. 说教材

在新课程背景下,教材虽然不再被认为是唯一的课程资源,但它仍然是教学系统的一个基本要素,仍然是教师进行教学的基本材料。教师能够驾驭教学过程,取得最佳教学效果的基本前提是深入细致地分析教材、把握教材。因此,说课,首先要求教师说明自己对教材的理解和把握程度。

(1)教材的地位和作用。教师在认真钻研课程标准及教材内容的基础上,说明课程标准对本课教材内容的要求,阐明教学中前后知识的内在联系,即向听说者介绍:本课教学内容是在学生学了哪部分知识基础上进行的;是前面所学的哪些知识的应用与延伸,又是后面学习哪些知识的基础;它在整个知识系统中所处的地位;它在学生的知识与技能、情感态度与价值观方面有哪些作用,对将来的学习会有什么影响等。这有助于教师认定教材的重、难点,提高课堂教学效率。

(2)本课题的教学目标。教学目标体现着教学的方向,对课堂一切教学活动起到宏观的调控作用,同时是课堂教学评价的重要依据。教学目标包括认知目标、技能目标和情感目标。教师首先要根据单元教学的目的和要求(对语音、词汇、日常交际用语、语法等方面的不同程度的要求),结合学生的实际水平,确定要贯穿于单元教学的总目标。总目标可以相当概括,一节课的教学目标则应落实到与本课教学内容相关的具体语言知识或某项技能上,即通过本节课的教学,重点解决什么问题(知识和能力方面),达到什么样的要求。为了贯彻"寓思想教育于语言教学之中"的

第二章 小学英语教学的常见技能

教学原则,教师还要深入挖掘教材的德育因素,从而确定德育(情感)目标。

教学目标要有科学性,要符合课程标准的基本要求,对准教材的内容,符合学生的实际情况;教学目标应有较强的可操作性,要明确、具体,能直接用来指导、评价和检查该课的教学;同时,教学目标的针对性要强,要针对本课内容确定本课的具体目标,切忌泛泛而谈,空洞无针对性。

(3)说重点和难点。教师说教材一定要说明教学的重点、难点及其确定的依据,即在列举该课重点、难点的同时,说明为什么该部分是本课教学的最主要或最重要的内容,为什么该部分在本课教学中是学生最难理解和最容易出错误的内容。教学重点是教材内容表现出来的知识点的内在联系及其语用价值,其确定的依据要从课程标准、教材内容和学生的知识基础及年龄特征等方面来加以说明。教学难点是指学生难懂的、教学中需要着力讲解或讨论的知识点,其确定的依据要结合学生实际,从造成学生难懂的原因来加以说明:一种是教材内容过于抽象、深奥、繁难,学生难以理解;一种是距离学生生活较远,学生缺乏这方面的感性认识或基础知识,不易接受。有时教学难点和重点是一致的,但如果难点属于教材内容的次要部分,则要分别说出教学时对重、难点的突破方法、占用时间等。

2.说学情

所谓学情,是指学生的年龄特征、认知规律、学习方法及已有知识和经验等方面情况的总和。《标准》确立了以学生为本的思想,学生是学习的主人,是知识的建构者,因此教师说课必须说清楚学情。一般来说,说学情包括两个方面的内容。

(1)学生的起点知识技能和生活经验。每个学生都是一个活生生的生命有机体,他们在学习新知识、掌握新技能之前都已经具备了一定的知识,掌握了一定的技能,积累了一定的生活经验。教师了解学生所具有的知识技能和经验,对确定教学重点和难点、选择科学的教学方法、教学策略有极大帮助,使学生实现由"旧知"向"新知"的迁移,学习会更加轻松。

(2)学生一般特点与学习风格的差异。不同年龄段的学生有着不同特点的认知水平及认知规律。教师要针对学生的气质、性格、态度等个性心理特征加强教学的针对性,培养和发展学生的特长。所以,分析学情要注意说明学生基于年龄特点、身体和智力上的个别差异所形成的学习方式。教师说课时要关注到不同群体的学生的差异,这有利于教师在教学中因材施教、分类指导,同时也有利于学生个性的发展及学生群体能力的提高。

3.说教学方法

教学方法是在教学过程中教师和学生为完成一定的教学任务,实现一定的教学目标而采用的途径、方式和手段的总称。它包括教师的施教方法和学生的学习方法。教法的选择、学法的指导是达成教学目标的重要保证。

(1)说教法。阐明在教学中选择什么样的教学方法、教学手段,以及采用这些教学方法、教学手段的理论依据。说明运用哪些措施培养学生的能力,开发学生的潜力,训练学生的非智力。解说在教学中如何发挥教师的主导作用,如何处理教与学、讲与练的关系。阐述在教学中使用什么教具和教学辅助手段,怎样发挥其效用。

(2)说学法。说明在教学过程中教给学生哪些学习方法和为什么选用这些方法。说明在课堂上如何实施这些学法指导,如何使学法指导渗透到教学活动中,如何激发学生的学习兴趣,如何充分调动学生的学习积极性,如何提高学生的英语综合能力。

4.说教学程序

教学过程是教师的教学理念、思想方法、策略和技术在教学活动中的具体体现。因此,说教学程序是说课的重点部分。教师通过对这一程序的分析,可以展示自己对教学独具匠心的安排,

第二章 小学英语教学的常见技能

反映自己的教学思想、教学个性与教学风格。

(1)说教学思路。教师要说明如何把握教材、处理教材,采用怎样的教学方法与手段组织教学,阐述各环节的顺序安排及内部结构。讲述不需过于详细,听者能清晰地了解和把握说课者关于教学活动的整体安排即可。

(2)说教学流程。说教学流程,就是围绕教学设计思路,说出各个环节具体的教与学活动安排及其理论依据;说明在教学过程中怎样突出重点和突破难点;说明在什么时候、什么地方,采用哪些教学手段辅助教学,并说出这样做的道理。

(3)说练习。针对一堂课的重点和难点设计恰当的练习,对帮助学生掌握所学知识非常重要。在说练习这一环节,要讲清楚本节课设计了哪些练习在课堂让学生操练,以及课后会布置何种类型的作业让学生巩固所学知识。要说出练习选取的依据,陈述要简明扼要,不可把所有零碎的东西都一一介绍。

(4)说板书设计。板书是一种可视的语言形象,是直观教学的组成部分,同时很能体现教师的教学风格及整体素质。说板书设计时,要注意说明板书设计的构思与教学内容的逻辑关系,即不仅要说明本节课板书怎样设计,还要说明设计的意图及所能达到的效果。

(二)说课的准备工作

明白了说课的内容之后,那么说课要怎样来开展呢?首先,要有充分的准备。"凡事预则立,不预则废""不打无把握之仗",这都说明事前准备的必要性。充分准备是"说课"成功的起点,也是自我提高的过程,只有准备充分才能提高说课的质量。

1. 知识准备

知识是基础,没有比较丰富的知识,要想说好课是绝对不可能的。所以,说课前首先要做的是知识准备,这里的知识主要是《标准》(教学大纲)、教材知识以及其他相关的知识。教师要熟悉学科的《标准》(教学大纲),认真钻研教材;为了达到更好的教学效果,涉猎边缘学科的知识,扩展知识视野也是教师在说课之前所应做的准备工作。

2. 理论准备

说课与课堂讲课不同,它有很浓的理论色彩。一定要在理论的指导下去研究教学内容、教学过程的设计、教学方法的运用,否则说课就没有高度和深度,就是无本之木。因此,教师在说课前要针对教学实际需要,有计划、有步骤地学习教育学、心理学、学科教育心理学、学科教学法等有关理论。

3. 技术准备

首先,要明确说课的内容和要求。说课主要是说清楚教什么(What)、怎么教(How)以及为什么这样教(Why)的问题。

其次,要掌握说课的技巧,加强说的工夫。教师说课所体现的教学思想、教学行为要能反映课程改革的新理念。教师的教学方法、教学形式及教学手段都要体现出新颖和独到之处。教师的语音清晰、口齿流畅、条理分明也是说课成功的关键之处。

最后,准备好说课所需的教具。教具的展示可以让听说课者更好地领会说课教师的意图。

4. 心理准备

说课是提高教师素质、提高教学质量的有效途径。教师认识到说课的重要性,才会积极主动地学习现代教育理论,认真钻研课程标准(大纲)、教材、教法,使自身得到提高。由于说课之前范围已定,教师熟知这些内容,并已做好准备,所以教师要增强自信心、消除紧张心理,说课时从容自如,同时要正确地评估自己的实力,使能力得到应有的发挥。另外,说课是在没有学生配合、一切靠教师自己的情况下完成的,有时可能出现漏洞,教师要注意自我的心理调节,消除紧张的情绪,稳定心理状态,沉稳巧妙地弥补

第二章 小学英语教学的常见技能

可能出现的漏洞。

(三)说课的原则

按照现代教学观和方法论,成功的说课应遵循如下几条原则。

1. 科学性原则

教师说课时,要做到以下几点。

(1)正确、透彻地分析教材。教师要准确无误地分析教材知识点的内涵和外延,正确把握本节课教材内容在本学科、本年段的地位、作用及本课内容的知识结构体系,深刻理解各知识点之间的关系。

(2)客观、准确地分析学情。教师应客观、准确地分析学生学习本课的知识基础和可能存在的问题,为采取相应的教学对策提供可靠的依据。

(3)要根据课标要求、教材内容和学生实际确定教学目标,并且要有切实可行的落实途径。

(4)选择恰当的教学方法。教师要根据课型特点和学科特点,针对本课的重点和难点,选择操作性强的教学方法。

2. 理论联系实际原则

说课要突出一个"理"字。在说课活动中,说课人要条理清楚地阐述自己的教学构想,还要说清本构想的理论与实际两个方面的依据,将教育教学理论充分运用到课堂教学实际,使理论与实践高度统一,这样才能提高说课的科学性,其可行性、可信度也可以得到增强。

3. 实效性原则

为了在短时间内集思广益,检验和提高教师的教学能力、教研能力,优化课堂教学过程,提高课堂教学效率,说课要讲求实效性。为此,说课人、评说人在说课前都要围绕本次说课活动的目的进行系统的准备,认真钻研课标和教材,分析学情,做到有的放矢。说课人还要写出条理清晰、有理有据、重点突出的说课稿。说课是为课堂教学实践服务的,说课中的每一个环节、每一个教学活动都应具有可操作性,说课应该能在实际的教学中落实,不能是为说而说,否则就是纸上谈兵,流于形式,达不到应有的教研效果。

4.创新原则

教学艺术重在创新。教师在说课时要体现课程改革的新理念,力求使自己的教学方法、教学形式、教学结构及教学手段都有新颖和独到之处。教师的说课要体现出创造性地使用教材,教学过程的设计中要注意培养学生的创新意识和创新能力。

总之,说课的核心在于说理。说课的内容必须客观真实,要真实地反映自己是怎样做的,这样做的理论依据,以引起听者的思考,通过相互切磋,形成共识,进而完善说者的教学设计,并达到共同提高的目的。

二、听课

(一)听课的类型

根据听课的不同目的,一般有以下几种听课类型,即观摩课、研究课、比赛课、汇报课和互助课。

(1)观摩课。观摩课是为了学习他人的课堂教学经验及长处而组织的听课活动。这种课具有一定的示范性,可以作为成功的范例供听课者借鉴和学习。

(2)研究课。研究课是为了研究某个方面的问题进行听课,如专门研究小学生英语学习心理、课堂提问艺术等。

(3)比赛课。比赛课是为了对教师的业务水平进行评比而举行的听课活动,讲课者事前经过比较充分的准备,有预演的经历。

(4)汇报课。汇报课是指在一个教学研究课题或教学见习、实习活动结束之际开展的听课。汇报课一般由优秀的人员担任主讲,主题明确,能展示教学研究课题或教学见习、实习活动的成果。

(5)互助课。互助课指听课者与被听课者以相互学习、相互促进、共同解决教学难题为目的的听课。

(二)怎样听课

随着教学方法及形式的发展和变化,单纯的"听"课已不适应教学改革发展的需要。听课应该是"看""听""记"三种形式的有机结合,即眼看、耳听、手记相结合的多层次活动。

1. 看

概括起来有看教态、看板书(或演示)、看教具、看学生活动四个方面。要注意授课教师教态是否自然,板书是否清晰得体,教具的运用是否恰当。观看学生活动情况包括:学生的发言率、学生对教学活动的投入程度及学生练习的时间和质量等。

2. 听

这方面包括听教师讲解、提问的内容,教师讲课的语言,以及学生发言、回答问题和讨论等。据研究,在课堂教学中,对小学生以每分钟讲120~140个字为宜。听课时要注意,教师语言表达是否具有准确性、趣味性,是否富有感染力;讲课速度是否适中,声音是否洪亮。要注意教师在听取学生回答问题时,能否及时、准确地发现学生出现的错误,并准确地给予提示或纠正。

3. 记

这方面指的是听课要记录。记录的内容有主要过程和环节、教学重点和难点、板书、教学中的主要优缺点以及听课体会。教学中的优缺点,是听课者感受最深的地方,是评课的主要话题,记录下来不仅为评课提供材料,而且有助于吸收他人的成功经验并克服自身不足之处。

(三)听课的注意事项

(1)上下课,听课者应与学生一样有时间观念,按时入场,不得中途退场;座位选取应恰当,不分散学生的注意力,不影响教师上课的视线以及学生回答问题。

(2)不要做与听课无关的事,不要与其他听课教师交头接耳,尊重执教者。要注意听、看、思结合,认真做好听课笔记。

(3)不要越俎代庖,不要代替任课教师辅导或纠正学生的课堂练习,也不要在学生回答问题的时候提醒学生,不要跟学生交头接耳。

(4)听课后要对记录内容进行整理、总结、思考,总结出一些规律性的对自己有帮助的东西,以提高自己的业务水平。

第三节 评课与教学反思

一、评课

备课、上课、评课是一个完整的工作体系,这三个环节大都是教师的自主行为,所以评课一方面是教师自评,即课后总结或课后备课;另一方面,评课和说课、听课一样又属于教研活动的范畴。通过听课、评课,可以加强教学经验交流,进行教学方法探讨,实现教学艺术展示以及完成教学研究的经验总结,提高教师的教学能力和专业水平。

(一)评课的意义

评课具有独特的功能,对教育教学工作具有重要的作用和影响。在实施新课标的背景下,评课更具有重要的现实意义。

1. 促进课堂教学质量的提高

教学工作是学校工作的中心,而课堂教学又是教学工作的主体。据统计,一名小学生在校约90%的时间是在课堂中度过的。这就需要树立明确的以教学为中心、以狠抓课堂教学优化为关键的工作意识,建立相应的评议机制,强化评课活动。因此,教师要下功夫研究课堂教学,努力提高课堂教学质量。

2. 推进课堂教学改革与创新

课堂教学是推进新课程改革,落实新课改理念的立足点、落脚点、主战场。通过评课,可以看出教师是否具备新的教学理念,学生学习方式的转变程度等。评课还能诊断出课堂教学实践与新课改要求之间的差距,直接而有效地推进课堂教学改革。

3. 有利于教师教学素质的提高

通过评课,及时与教者认真分析这节课的优缺点,提出改进意见,可以帮助教师总结先进的教学经验,克服不足,明确努力的方向,提高教育教学水平,转变教师的教育观念,启迪和带动教师的教学,使教师素质得到全面提高。

(二)评课的内容

评课的目的是对课堂教学的效果加以评析鉴定,查找一堂课成败的原因,总结经验教训,加强教学认识。评课主要从教师和学生两个方面来分析评价。

1. 教师教的方面

教师是一堂课的导演。课堂教学的成功与否,与教师的教有着极大的关系。评教师的教一般包括以下几方面。

(1)评教学目标。教学目标是教学过程的出发点和归宿点。

评教学目标要看教学目标是否明确、准确。明确,指教师本堂课要求学生达到的知识、技能、情感、态度、价值观以及学习习惯等几个方面是否有明确要求;准确,指教师确定的教学目标是否符合新课标精神,是否符合学生的年龄实际、认知规律和难易适度。

(2)评教材的把握与处理。从教学内容的角度来看,评教材的体系和知识点把握得是否精确、教学重点是否突出、难点是否突破、基本功的重点训练项目是否落实、学生是否已掌握、课堂容量是否合理适当等。

(3)评教学方法。评课时,要注意分析授课教师所采用的教学方法是否符合学生的年龄特征、思维特点和认知规律,研究这些教学方法的效果如何。现代化教学呼唤现代化教育手段,评课时要注意教师是否运用投影仪、电脑、多媒体等现代化教育手段较好地辅助教学。

(4)评教学程序。其具体包含以下两个方面。

首先,要看教学思路是否符合教学内容和学生实际,教学思路的设计是否有独创性,脉络是否清晰,在课堂教学中实施的效果如何。

其次,看课堂教学组织。如果教学组织严密紧凑,一环扣一环,一步接一步,能自始至终把全体学生的注意力都集中在课堂教学上,充分利用教学时间密度容量大,这样就能在有限的时间内完成好教学任务。

(5)评教师教学基本功。其具体包含以下几个方面。

首先,评板书。好的板书设计科学合理,条理性强,英文书写清晰、美观、流畅。

其次,评教态。教师在课堂上应该仪表端庄、举止从容、态度热情,给学生创造一个轻松的学习英语的氛围。

再次,评语言。教师的语言应该准确清楚,发音标准;针对小学生的年龄特点,应该生动形象,富有启发性;教学语言的语调要高低适宜,快慢适度,抑扬顿挫,富于变化。

最后,评专业功底与知识面。教师过硬的专业功底可以引导其科学地进行课堂设计,准确、高效地传授新知。教师的知识面广,可以在教学中根据需要利用相关知识充实教学,同时扩大学生的知识面,也有利于教师"博学多才"形象的建立,为教师增添教学魅力。

2. 学生学的方面

课堂教学是师生的双边活动,教师的主导作用发挥得越好,学生的学习积极性、主动性就越高。

(1)评学生的课堂积极性,角度包含:每个学生的积极性在课堂教学中是否都得到充分发挥,学习是否在热烈活泼的气氛和严谨的主体教学中进行,每个学生是否都手、脑、眼协调并用,在进行紧张的思维。

(2)评学生的参与广度,角度包含:在教学目标、要求的统领下,学生的个性是否得到了充分的体现;好、中、差三种学生,尤其是差生是否在积极活动;这三类学生是否在当堂课中有不同程度的训练和提高。

(3)评学习效果,角度包含:学生思维是否活跃,气氛是否热烈,学习效率是否高;学生受益面是否大,不同程度的学生在原有基础上是否都有进步,知识、能力、思想情操目标是否达成;学生负担是否合理,在 40 分钟的课堂上,学生是否学得轻松愉快,积极性是否高,当堂问题是否当堂解决。

(三)评课的注意事项

1. 评课要准备充分

要求评课者认真听课,做好听课笔记,同时听完课后认真分析研究该课,把自己的意见整理好,否则,在评课时只能是没有重点,流于表面,对人无用,对己无益。

2. 评课要有理论高度

评课要掌握教育教学理论。要针对某一教学设计方法,运用教育教学理论进行具体分析,使理论真正起到指导教学实践的作用。否则,就只能就事论事、肤浅平淡,不能给人以启迪,教师自己也不能从中获益。

3.评课要突出重点,有针对性

评课不可能面面俱到,要根据不同的课型、不同的对象选择相应的重点来评述。对于初上讲台的年轻教师要重在教法指导,帮助其积累教学经验,而对老教师则应运用现代教育理论充实其观点,以帮助他们增强课堂教学的气息。

4.评课要客观公正,有激励性

评课者的评价要客观,优缺点分明,不以情代评,不掩饰缺点错误。评课的宗旨是帮助教师提高教学水平,调动教师教书育人的积极性。因此,评课者的态度要诚恳,忌草率评判、轻易贬低,不要简单地肯定或否定值得商榷的地方,要鼓励教师勇于创新,潜心教改,争做教学能手。

二、教学反思

(一)教学反思的含义

教学反思指教师为了实现有效的教育、教学,对已经发生或正在发生的教育、教学活动以及这些活动背后的理论、假设,进行积极、持续、周密、深入的思考,且在思考过程中能够发现所遇到的教育、教学问题,并且积极寻求多种方法来解决问题的过程。它是教师在教育、教学等实践中,以自己的职业活动为思考对象,对自我行为表现及行为依据进行解析和修正,从而不断提高自身教育效能和素养的过程。教学反思是教师与自我的对话,是教师专业提升的基础和前提,是校本教研的基本活动形式之一。

(二)教学反思的类型

从教学过程来看,教学反思分为教学前、教学中、教学后三个阶段。

1. 教学前的反思

教学前的反思是在教学活动即将进行之初,凭借以往的教学经历,在反思以往经历的基础上对新的教学活动进行预测与分析,由此作出计划方案的修正与调整,并在即将开始的教学过程中保持注意。这种反思具有前瞻性,能使教学成为一种自觉的实践,并有效地提高教师的教学预测和分析能力。

2. 教学中的反思

教学中的反思,强调在教学过程中不时审视自己的教学行为,及时发现问题,自主反思,自我监控,及时调整,表现为教学中的一种敏感和机智。反思的实现程度与较多的教学个性化因素直接有关。这种反思具有监控性,能使教学高质高效地进行,并有助于提高教师的教学调控和应变能力。

3. 教学后的反思

教学后的反思,是在某一教学活动告一段落(如上完一节课,或上完一个单元的课等)后,去回顾研究过程,分析人物、事件、现象,从中发现问题,从而对教学过程进行理性的概括和提升。这种反思具有总结性,能使教学经验理论化,并有助于提高教师的教学总结能力和评价能力。

(三)教学反思的内容

教学反思的内容,可以涉及教学过程中的方方面面。

1. 对教学观念的反思

长期以来,教师的教育思想往往只是简单的沿袭或重复,缺乏主动性。在倡导教学改革的今天,教师首先要能够积极对自身的教学观念进行反思。因为反思只有达及观念,才会有力量,有效果,才能真正取得反思的意义。教师应以新课改的理念为标准来审视自己的课堂教学,思考自己的课堂教学在多大程度上体现了新课改理念的要求。这样的反思会使得新课改的理念逐步在课堂上得到体现和落实,在较深层次上促进教育观念的更新与转变,并以此指导教学实践。

2. 对教学设计的反思

教学设计不仅是教师教学的构思谋划,也是教师进行自我反思的重要凭借。通过反思教学实践与教学设计之间的误差,教师可以发现不足,及时调整。对教学设计的反思主要从以下几个方面进行。

(1)教学目标的制订是否符合课程标准和学生学情?
(2)教学设计预设的起点与学生起点是否吻合?
(3)教学内容是否满足社会、学科、学生三者的需要?
(4)教学方法是否优化?
(5)教学媒体的运用是否适当?

在整个教学过程中,即在教学设计时、教学实施中及实施后,这样的反思都要及时进行,以调整、弥补不当之处。

3. 对教学过程的反思

课堂教学有不可预测性。即使教师课前对教学做了最充分的准备,也永远不可能完全确定课堂教学的每一进程。课堂的开展往往并不全部按照教师设计的方式进行。课堂上很容易出现一些"意想不到"的情况需要教师进行临时决策。教师授课时应随时反思教学过程,不断优化课堂教学。反思教学过程主要关注如何使教学活动更有效,如何更充分地发挥学生学习的主体性。可以从以下几方面入手。

第二章 小学英语教学的常见技能

(1)学生的主体地位是否得到确立？
(2)学生探究活动的组织是否合理？
(3)学生是否积极主功地参与到学习活动中？
(4)学生在活动中是否能运用所学并具有创新性？
(5)教师自身的教学行为是否适当？
(6)是否真正促进了学生的学习和发展？
(7)教师是否妥当处理课堂意外？
(8)教师在偶发事件中是否产生教学机智？

4.对教学效果的反思

反思教学效果是在教学实施以后，通过学生问答、作业、测验和考试等形式获取反馈信息，对学生知识的掌握、能力的发展、学习中的情感体验等获取全方位的观察。教师通常可通过如下问题来反思教学效果：学生对教学的重点和难点内容掌握如何；学生在学习中存在哪些困难和疑问；学生在情感、态度、价值观方面获得了哪些发展；学生是否能熟练运用新学知识。

5.对学生反馈的反思

众所周知，教学相长，教学是由师生双方组成的双边共同活动。学生是有思想的独立个体，他们对教学有着自己独到的见解，他们从自己的实际需要、兴趣、爱好出发，对教学方法、教学内容、教学进程、课程安排及课堂组织形式等进行评价，使教师不仅能够清楚地认识到自己教学上的闪光点与不足，而且能够更深入地了解学生的真实感受和需要。

第三章　小学英语教学的常见方法

教学方法是师生为了实现共同的教学目标,完成教学任务,在教学过程中采用的具体办法与手段。其不仅涉及教师的教学方法,也包含学生的学习方法。当确定了教学任务、教学目标之后,教师能否对这些教学方法进行恰当的使用,就决定了他们能否实现预期目标、完成教学任务。同时,采用什么样的教学方法,不仅对学生掌握知识与技能有重要影响,而且对学生的个体发展也有重要作用。本章就来介绍一些在小学英语课堂教学中常用的教学方法,即任务型教学法、情境教学法、全身反应教学法、支架式教学法、自然教学法,对这些方法的特点与要求进行介绍,便于教师更好地运用这些方法。

第一节　任务型教学法

任务型教学法又称"任务型教学途径",是一种基于任务展开的教学方法与形态。在小学英语课堂教学中,任务型教学法非常常见,是教师预设任务并引导学生用所学知识来完成任务的一种教学形态,是提升学生语言运用能力的一种重要手段。从小学生英语学习的目的与特点出发,我国的小学英语课堂教学倡导采用任务型教学法,让学生基于教师的指导,通过体验、感知、参与、实践等,完成学习任务,实现教学目标。

第三章 小学英语教学的常见方法

一、任务型教学法的基本步骤

任务型教学法将任务的完成作为主要教学活动,让学生通过完成任务来习得语言。一般来说,任务型教学法具有如下几个特点。

其一,任务主要包含的是真实的语言运用过程。

其二,学生要自主地完成教师要求的任务,并对任务的交际性结果予以明确。

其三,强调学生要通过自主学习、合作学习等途径来完成任务。

在实际的操作中,任务型教学法一般包含三个步骤,具体如表 3-1 所示。

表 3-1　任务型教学法的具体实施步骤

主要步骤	目的	要点
任务前	任务呈现与准备	教师引入任务情境,向学生明确任务要求,为学生提供完成任务的基本语言知识
执行任务	任务完成的整个过程	学生运用语言对问题加以解决,这些问题涉及计划的制订、实施与完成;教师在其中扮演着监督、组织、促进与伙伴等角色,辅助学生完成任务
任务后	任务展示、评价与提升	学生将结果进行展示与汇报;教师对任务完成情况进行评价,并指出优劣之处

(资料来源:陈冬花,2015)

三个步骤给予了明确的任务,教师首先为学生布置任务,并提供具体的条件;指导学生执行任务,并辅助学生解决在任务执行过程中遇到的一系列问题;组织学生对任务加以展示与汇报,最后给予评价,并布置新的任务。通过这些任务的完成,学生可以不断体验语言学习的快乐,并且真正地习得语言知识与技能。

二、任务型教学法的设计方式

任务型教学法将语言任务作为学生学习的目标,完成任务的过程就是学生学习语言的过程。任务型教学法设计的核心在于:将人们在生活中运用语言来从事的各项活动,引入具体的课堂教学,进而帮助学生实现语言学习与日常生活的结合。因此,如何对任务进行设计是任务教学法能否实施的关键层面。

简单来说,教师在设计任务时应该着重考虑学生的"学",让学生具有明确、清晰的学习目标。具体来说,主要从如下几个层面着手。

(一)设计具有真实意义的任务

所谓具有真实意义的任务,即与现实生活贴近的任务。在教学中,教师所设计的任务应该是对现实生活的演练与模拟,学生通过对这些任务加以完成,不仅能够掌握具体的语言知识与技能,还能够将这些能力运用于具体的生活中。

(二)设计符合学生兴趣的任务

小学阶段是培养学生学习兴趣的重要阶段与关键时期,因此教师在设计具体的教学任务时,应该从他们的心理与年龄特征出发,设计与他们的兴趣相符的任务,并且内容也要具有新颖性。例如,以师生互动、生生互动的形式开展角色扮演或讲故事等活动,都是比较好的选择。

(三)设计能够输出的任务

教师设计的任务应该是真实的,是与学生的语言水平相符的输出活动。也就是说,任务需要以"说、写、译"这些"语言输出"的形式进行呈现。

总而言之,教师在设计任务时,最重要的一点是需要考虑学

第三章 小学英语教学的常见方法

生在任务完成的整个过程中能否自然地运用英语。当然,完成任务并不是任务型教学法的主要目的,而是要求学生在完成任务的过程中习得英语。下面列举一个具体的案例,来自人教版小学英语四年级上册 Unit Three *My Friends*, Part A, *Let's find out*。

教学目标:借助"Who's he/she? My friend is strong. He has short hair."等句型来介绍朋友的特点,保证语词达意且发音清晰。

Task 1:Make a survey. (Students describe their friends to desk mates.)

name	thin	strong	quiet	long hair	short hair

Step 1:Fill in the form.

Can you describe your friends? Look at the form. Fill in the form according to your friends' character.

Step 2:With the help of the form, introduce your friends in pairs.

Step 3:Choose some groups to show.

Task 2:Guessing game. (Students describe one of their classmates to the whole class.)

Step 1:Teacher makes an example.

T:There is a student in our class. She is thin. She has long hair, big eyes and a small nose. Who's she?

S:She is…

Step 2:Students' turn. (3 minutes to prepare.)

S₁:Describe.

Ss:Guess the name of the exact student.

英语课程就是要让学生逐步在运用中内化知识,这就需要教师在设计任务时,应该让学生通过完成任务,自然地掌握英语知识,内化英语知识,习得英语技能。

Task 1 主要是教师提供表格,学生根据表格用英语对自己的朋友进行描述,这项任务是学生对本课知识的初步操练,并且表格也降低了学生任务完成的难度,让学生在描述时更有针对性。为了更好地落实教学目标,在 Task 2 中,教师运用小游戏对句型进行操练,虽然 Task 1 已经做了铺垫,但是教师在 Task 2 中还是做了示范,这样便于学生进行思考。总之,通过这样的任务设计,教师可以激发学生的学习兴趣,围绕学生熟悉的目标 friends 的描述,从简单到复杂,促使学生更好地完成学习任务。

三、任务型教学法设计的基本要求

当然,任务型教学法在设计时应该注重以学生为中心,以学生为主体。一般来说,需要做到如下三点。

(一)分清"任务"与"练习"的区别

当前,很多教师在设计任务型教学课程时,由于未分清楚"任务"与"练习"的区别,导致很多任务型教学课程仍然是课堂练习。事实上,任务型活动与课堂练习有着本质上的区别,任务型教学活动不是对语言进行机械的训练,而是侧重于在学生完成任务的过程中对学生自主能力与学习策略的培养,重视学生在任务完成过程中获得的经验。表 3-2 对二者的区别进行了总结。

表 3-2 "任务"与"练习"的区别

区分项目	任务	练习
侧重点	侧重于意义	侧重于形式
活动目的	实现交际目的,解决问题,传达信息	对知识的掌握情况进行检验,对英语知识加以操练与巩固

第三章 小学英语教学的常见方法

续表

区分项目	任务	练习
活动情境	创设现实生活情境	不需要情境
活动内容	有语境的语言材料,需要综合运用多项英语知识与技能	脱离语境的语言材料,需要的也是单个的英语知识与技能
活动方式	分析、讨论,很多时候需要小组完成	选择、填空、翻译等,往往自己独立完成
语言控制	自由	严格控制
教师纠错	通过对学生进行观察,然后分析产生这些错误的原因再纠错	立即纠错
信息流向	双向或者多向流动	单向流动
活动结果	语言形式或者非语言形式结果	一般都是语言形式的结果
结果评估	评估学生是否完成了任务	评估语言形式是否使用正确

(资料来源:陈冬花,2015)

从表 3-2 中可知,只有通过真实的任务,才能保证学生获得有意义的语言输出,才能让学生真正地学会获取、使用信息,用英语与他人展开交流与合作。

(二)准确把握任务的度与量

任务的难易度与数量要与学生的英语水平相符合,因此教师在设计任务时应该根据"最近发展区"的原理,既不能对教学要求予以降低,也不能超过学生的英语能力与水平。具体来说,如果任务过难,数量繁多,那么学生很难驾驭;如果任务太简单,数量太少,学生往往会感到非常的枯燥。因此,教师在设计任务时,应该从简单到复杂,再用高级任务覆盖低级任务,通过这一循环过程形成一个"任务链"加以串联。

(三)注重教师的多重任务

虽然英语课堂强调以学生为主体,但是在实施中,教师的作用也不能忽视。也就是说,教师在教学中也需要发挥主导作用。

一般来说,在任务型教学中,教师需要承担如下几项任务。

其一,设计与学生水平相符合的真实的任务。

其二,为学生提供完成任务的材料,并从旁辅助学生。

其三,对学生的输出提供帮助。

其四,对学生的输出结果给予反馈意见。

任务型教学以学生使用英语完成任务为中心,学生是任务的沟通者,也是语言的交际者。教师不仅是组织者、参与者、帮助者,需要参与到学生的任务之中,还需要对课堂加以控制,并对结果给予评价。如果教师将任务交给学生之后,就作为一个旁观者,那么这样的教学效果是不容乐观的。总而言之,教师在任务型教学中要发挥好自己的多重责任。

需要指出的是,任务型教学法在当前的小学英语教学中被广泛应用,但是由于受各个因素的影响,如任务难度难以把握、英语环境常常缺失、大班教学现象、师资力量不足等情况,导致当前的任务型教学仍旧存在明显的问题。因此,在以后的小学英语教学中,教师应该不断积极学习与研究,认真开发与利用,争取让任务型教学法在小学英语教学中发挥更大的作用。

第二节 情境教学法

情境教学法是为了实现既定目标,教师在教学中引入或创设具体的情境,便于学生实现情感体验,从而更好地理解课本内容。简单来说,情境教学法就是让学生在具体的情境中获取知识、培养能力。

一、情境教学法的基本步骤

情境教学法的核心在于将学生的情感激发出来。运用情境教学法,教师需要从学生的特点、教学内容出发,将形象、生动并

第三章 小学英语教学的常见方法

带有情绪色彩的具体情境融入进去,以帮助学生更好地发现与解决问题。

一般来说,在小学英语教学中,情境教学法主要分为三个步骤,如表 3-3 所示。

表 3-3 情境教学法的具体实施步骤

主要步骤	目的	要点
情境创设	将问题加以呈现	教师通过运用多种媒体与手段,对特定情境加以创设,向学生提出问题
语言训练	对问题进行分析与准备	通过图片、动画等,教师将问题所需要的语言知识呈现出来,并设计与特定情境相关的语言训练,为学生完成学习目标做准备
情境运用	对问题加以解决	教师重新呈现开始的情境,而学生在具体的情境中运用语言,对问题加以解决;教师对学生的表现进行观察,并给予评价

(资料来源:陈冬花,2015)

对表 3-3 加以分析可知,情境教学法主要包含三大步骤:情境创设、语言训练、情境运用。

第一步,情境创设多用于教学导入环节。在小学英语教学中,教师应该考虑教学的需要,创设不同的情境。例如:

呈现一个孩子迷路的场景,让其他学生为他指路。

呈现一个人生病的场景,让学生询问他生病的情况。

呈现一个旅游景点的场景,让学生告知其他人如何到达。

呈现一个野餐的场景,让学生询问彼此喜欢的食物、饮料等。

呈现一个家庭聚会的场景,让学生发现人物间的具体关系。

这一环节的目的在于运用情境为英语教学提供前提准备,也为第二步的施行创造条件。

第二步,语言训练,就是所谓的教学环节。例如,以"买东西"为例,教师需要给予学生一些日常买东西的对话情境:

How much is it?

I will take them.

然后,让学生阅读课文,并演练对话,从而了解购物中的具体表达语言。

第三步,情境运用。例如,仍旧以买东西为例,教师可以继续呈现商店的场景,让学生以角色扮演的形式进行演练。

总而言之,教师创设的情境一直在活动之中,或者贯穿于整个活动,否则情境就毫无意义。

二、情境教学法的设计方式

设计情境教学法的关键是在创设情境,如何创设一个恰当的情境,教师首先需要考虑的关键点就在于了解学生的心理需要与情绪、意志等,这样才能让教学法更为有效。也就是说,在小学英语教学中,教师要合理利用各种教学手段,并多方面触动学生的感官来创设情境,让学生可以从多个渠道获得信息,用心去体会需要自己学习的内容,这样才能使学生更好地在情境中掌握知识。一般来说,情境的设计主要有如下几个途径。

(一)利用实物

小学生主要以直观形象思维为主,利用实物的方法更能激发他们的学习兴趣与积极性。同时,教学所展示的形象越具体、鲜明,学生的认知兴趣会越高,越能提高教与学的效率。

小学英语中的很多单词都是具体实物的代表,因此在学习有关交通工具、动植物、学习用品等单词时,教师可以利用实物或者实物模型来展现。

小学英语教材每一个单元都是围绕某一个主题展开的,所呈现的知识也是与日常生活的事物和行为相关的,因此利用实物教学更容易加快学生对新知识的了解与把握。例如,对于日期的表达,教师可以运用挂历,然后问学生:

T:What day is today?

S：Tuesday.

T：Good. Would you please answer with a complete sentence?（必要时教师给予帮助）

S：It's Tuesday.

T：Very good. Thank you.

再如,学习"Where are you from?"这一句型的时候,教师可以准备一个世界地图,并将一些国家词汇介绍给学生,然后让学生自编对话：

S_1：Hello!

S_2：Hello! Who are you?

S_1：I'm Mike. I'm from America. Where are you from?

S_2：I'm from England. I'm in China now. Nice to meet you.

S_1：Nice to meet you too.

总而言之,建立英语词汇与实物之间的联系,不仅能够吸引学生的注意力,还能够激发学生的学习兴趣与积极性,促进学生对知识的理解与记忆。

(二)利用图画

图画是展示某些形象的重要手段,利用图画对课文情境加以再现,实际上就是将课文内容形象化。例如,课文插图、剪贴画、挂图、简笔画等都可以对课文情境加以再现。尤其是小学生在学习一些抽象名词,不容易找到对应的实物的时候,教师就可以利用简笔画或图片来替代。

总之,图画能够给学生提供生动的情境,便于小学生学习与练习,让小学生产生对语言环境的新鲜感与亲切感,激发他们对语言学习的热情与积极性。

(三)利用多媒体

英语教学一直坚持听说领先原则,因此在小学英语课堂上,教师会使用录音、录像等手段,为学生创设一些英语交际情境。

在生动的情境中,学生能够眼看、耳听,参与到语言交际活动中,也能够形成对英语知识的正确认知。例如,在教授 Unit Four *What Are You Doing*? Part A, *Let's learn* 这一课时,教师可以用投影呈现跑步、读书、打电话、踢球等图片,也可以下载一些学生熟悉的片段,如光头强踢球的片段,让小学生根据生动的画面回答具体的问题。这样的教学寓教于乐,学生学起来也乐趣无穷。

需要注意的是,多媒体只是辅助的手段,不能喧宾夺主,将学生的注意力转移到一些无关紧要的事物上。因此,在教学中,除了应用必要的多媒体手段,也要注意师生、生生之间的互动与交流。

(四)表演

在交际活动中,动作与表情等也有着重要意义,其不仅具有直观性,便于学生了解与把握,还具有趣味性,能够激发学生的学习兴趣与积极性。在教学中,教师要注意使用多种传神的表情,将事物加以呈现,帮助学生理解。例如,当学习 smile 时,教师可以做一个微笑的表情;学习 laugh 时,教师可以放声大笑,这样学生就很容易记住这两个单词。

一般来说,小学英语课堂的表演主要有两种:一种是根据课文的内容进行表演;另一种是结合课文,利用句型进行创造性的表演。前者便于将课文真实地呈现在学生面前,让学生对课文加以理解;后者便于学生将自己的所学运用于实践。例如,教师在讲授人教版小学英语四年级下册 Unit Five *How Much Is It*? 时,可以让学生带一些衣服到学校,将教室设置成一个服装店的样式,进行表演:

A:Can I help you? /What can I do for you?

B:I want to buy a shirt(a coat/a dress/a pair of trousers).

A:Here you are.

B:How much is it?

A:Ninety yuan.

B：I'll take it. Here is the money.

A：Thank you.

B：You are welcome.

每一位学生都可以扮演售货员或顾客的角色，不仅能够在真实的语境中对关于服装店的一些词汇进行把握，对相关的句型加以操练，还能够激发学习的兴趣与积极性。

(五)语言描述

情境教学法对于直观手段与语言描述的结合非常看重。当情境出现时，教师的语言描述也是非常重要的，有助于将情境更加鲜明地展现在学生面前，从而提升学生对情境的感知。学生的主观感受发生了变化，便能够将自己融入情境之中。随着学生年龄的增长，直观手段在小学英语教学中会逐渐缩小，而语言描述手段会有所提升。

例如，在讲授《小猪找朋友》这一英语童话剧时，为了让学生能够更好地融入情境之中，教师可以使用幻灯片将森林的图片呈现出来，并播放一些相关的音乐，同时绘声绘色地描述："Long long ago, there was a beautiful forest. Many animals lived there. There were cats, ducks and rabbits. They were singing and dancing. How happy they were!"学生一边看着画面，一边听着教师的语言描述，就可以将自己置身于森林的情境之中，从而学习相关的词汇与句型。

在学习动物词汇时，教师可以利用英语来对动物的单词或者样子加以描述，让学生猜测。例如，在讲授人教版小学英语三年级上册 Unit Four *We Love Animals*, Part B, *Let's learn* 时，教师这样描述每一种动物：

Duck：I am small. My color is yellow. I can swim. Quack, quack. I can swim. Who am I?

Elephant：I am big. My color is gray. I have a huge body with four strong legs, and two big teeth. But my ears are big. I live in the forest. But you can see me in the zoo.

Monkey: I am lively. I like playing around. My color is brown. I have a long tail. I like climbing trees.

Panda: I am big. My color is black-and-white. I live in the bamboo forests of China. I like eating bamboo.

Rabbit: I am small. I have long ears and short tail. I have red eyes. I like eating carrot.

三、情境教学法设计的基本要求

情境教学法要与小学生的认知特点相符合,教师运用情境教学法进行教学的情况比较普遍。但是,如何创设与运用情境,也是决定教师的情境教学法运用能否成功的关键。教师要想正确地运用情境教学法开展教学,需要做到如下三点。

(一)紧扣教学目标,创设情境

情境创设是教师将教学目标加以外化,形成一个学生能够接受的情境。但是,很多教师在创设情境时,往往忽视了基本的教学目标,导致教学中很多情境与教学目标无关,让学生对教学目标难以把握,因此教师在创设情境时,必须对教材进行认真研究,理解每一单元教学的重难点,然后紧扣教学目标,创设情境。简单来说,创设的情境要与教材的特点相符,凸显重难点,从而促进小学生的英语学习。

(二)情境要贴近现实与学生生活

《标准》指出:要尽可能多地为学生创设真实的情境,让他们在真实的语境中学会运用语言。小学英语教学中情境的创设必须要符合学生的生活,创设的活动也需要从小学生的兴趣与生活经验出发。否则,教师创设的情境也就发挥不了多大的作用。

可见,小学英语教学应该在"真实"上下工夫,这样才能让小学生真正地学会运用语言,才能激发他们自身的生活体验,使他们基于自身的背景,迅速投入教师创设的情境中,对语言进行准确的体验与理解。

（三）建立情境之间的联系

教师设计的情境要能够在小学英语教学中自由伸缩,即随着教学活动的展开,情境之间要具有一定的关联性,不能相互孤立。因此,教师需要对整节课的重点加以把握,设计一个大的情境,然后将各个小情境加以串联,从而使各个环节紧密结合。可见,教师在创设情境时,需要把握情境之间的连续性,使教学过程随着学生的情感活动不断变化与推进,从而不断得到深化。

第三节 全身反应教学法

全身反应教学法创立于20世纪60年代,是由美国心理学家詹姆士·阿歇尔提出的,这一教学法将语言与行为相关联,通过身体动作对外语进行教授。全身反应教学法的特点在于教师发出具体指令,学生通过身体的行为与动作做出反应。教师的指令可能是一个简单的词,也可能是一个较长的句子。

一、全身反应教学法的基本步骤

全身反应教学法对于语言学习中的互动是非常注重的。因此,教师在教学中应该让学生一边听、一边看、一边模仿。一般来说,这一教学法主要包含如下四个步骤。

（一）呈现阶段

呈现阶段即教师说出具体的指令,并对动作加以示范,学生一边听一边观察。例如,人教版小学英语(实验教科书)五年级下册 Unit Four *What Are You Doing*? Part A,*Let's learn* 主要要求学生掌握五个动词词组：drawing pictures,doing the dishes,cooking dinner,reading a book,answering the phone。呈现这些词组时，教师在说出这些语言信息的同时，将辅助的动作呈现出来，让学生一边听一边看就可以了解其基本的含义。再如，在呈现 reading a book 这一词组时，教师一边清晰地说出来，一边配上"看书"这一动作，这样学生就很容易了解与明确其发音与意义了。

众所周知，母语是在轻松的环境中习得的，但是在英语学习的过程中，学生往往比较焦虑，因此教师在实施全身反应教学法时，应该从初期阶段就对学生的情感予以关注，为学生创设轻松、自由的氛围。

(二)模仿阶段

模仿阶段是指教师示范，学生跟着做。当学生听懂发音、明确词汇意义的时候，教师就可以要求个别学生一边跟着说一边做。就儿童语言学习的特点来说，听的能力是首先要发展的，然后基于听的能力来进一步发展说的能力，最后发展读写的能力。因此，在模仿阶段，教师应该保证先听后说这一条原则，即先锻炼学生听的能力，再锻炼他们说的能力。这样才能保证学生对语言材料加以理解和熟悉的基础上进行恰当的语言输出。

(三)理解阶段

理解阶段是教师说出指令，不对动作加以示范，直接要求学生按照指令去做。儿童习得语言的过程需要成人的指导，成人首先以口头的形式发出命令，然后儿童去模仿，当儿童理解之后，再转换成语言代码，从而真正地习得该语言。因此，在理解阶段，教师一定要注意语言与行为的结合，让学生做出多样的动作，在反复的练习中学习英语。

(四)运用阶段

运用阶段是指学生发出指令，让其他同学来做出动作。当学

第三章 小学英语教学的常见方法

生对听到的语言材料加以吸收与内化后,自然就会形成语感,也敢于开口说了,也就能够做出动作。例如,一个学生到前面说 answering the phone,其他同学做出"打电话"的动作,然后再由其他同学发出指令,连续做下去。

图 3-1 呈现了全身反应教学的步骤与要点。

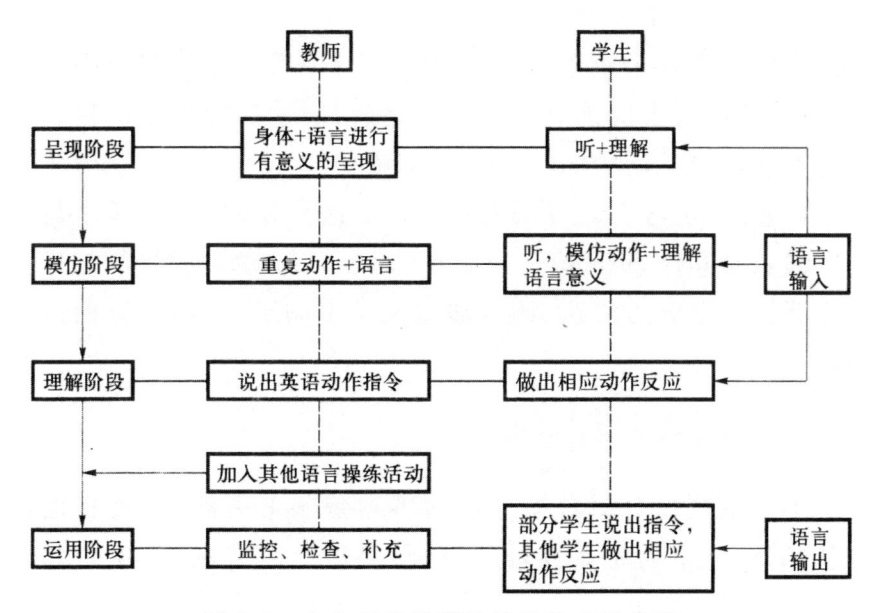

图 3-1　全身反应教学法的具体实施步骤

(资料来源:陈冬花,2015)

这四个阶段是从模仿到运用的过程,逐层推进。呈现的目的是为模仿做准备,模仿能够帮助学生对语言结构与词汇得以更好地运用,理解的重点在于对学生语言知识与技能的训练,运用的目的在于培养学生的交际能力,是一种注重意义表达的训练。

二、全身反应教学法的设计方式

学生的语言学习是有规律的,并且一般认为理解能力要居于表达能力之前,即理解能力是表达能力的基础。因此,教师在设计全身反应教学法时,对语言的意义要多加注意,让学生能够理解与表达。全身反应法操作较为简单且直观,能够使学生在听中学、说中学、做中学,从而激发学生的学习兴趣与积极性。具体来说,全身反应法的设计形式主要有如下几种。

(一)设计表现形式的操练

例如,在讲解基本的知识之后,通过 Head And Shoulder, Knees And Toes 的歌曲,学生一边唱歌,一边用手对对应的身体部位进行触摸,当这首歌播放完了之后,所学的知识也会得到相应的巩固,大脑呈现的也是放松的状态。

再如,当学习 Two Fat Gentlemen 这首歌曲时,让学生与教师一起表演 fat gentlemen 与 thin ladies 等人走路的模样,这样不仅能够使课堂更为活跃,还能够激发学生的求知欲,对歌曲内容加以巩固。

(二)设计模仿形式的操练

小学生往往对于具体直观的事物是非常关注的,这是他们的认知特点,事物越具体,给人的形象就会越直观,学生对其也就更感兴趣。因此,学习、生活中一些常用、常见的事物,它们的名字往往能够被学生们轻易把握。这也为教师的教学指出了方向,即教师的课堂语言展示得越形象,学生越能够轻易地理解与把握。

例如,在学习 We Love Animals 这一单元的动物词汇时,教师可以对各种动物的叫声、形态加以模仿,并对词汇进行发音与讲解,之后教师说单词,学生来模仿,经过反复的操练,学生自然也就记住了这些单词。

(三)设计绘画形式的操练

小学生往往对于绘画是非常感兴趣的,如果教师的英语教学能够与绘画关联起来,那么枯燥的课堂教学也就会变得更有乐趣。例如,在学习人教版小学英语(义务教育教科书)三年级上册

Unit Five *We Love Animals*，Part A，*Let's learn* 时，教师可以将第二单元学过的颜色词汇与本课要讲授的动物词汇结合起来，让学生根据指令为动物画上对应的颜色。这样对学生的耳朵、眼睛、手等都进行了锻炼，便于学生理解知识，加深记忆。

（四）采用竞赛形式的操练

小学生一般都有好胜心，竞赛的形式能够激发他们的斗志，振奋他们的精神。教师可以充分利用这一特点，组织学生在竞赛中进行语言技能的训练。例如，在小组竞赛中，可以将小组分别取名为 rabbit，tiger，monkey 等，还可以进行其他团体竞赛，如在 boys 与 girls 之间展开竞赛，这样会让英语学习变得更为真实、有趣。

三、全身反应教学法设计的基本要求

全身反应教学法与小学生的学习特点相符合，能够让小学生愿意学、乐意学，在学习中感受到快乐。但是，如果教师在设计时对其把握得不够准确，也很难取得相应的效果。因此，教师在运用全身反应教学法时，应该注意如下两个方面。

（一）处理好课堂中的各个角色

在小学英语课堂教学中，应该处理好以下几种角色。

学生是教学的主体，扮演着表演者与听者的角色，因此教学中应该将小学生的主体意识激发出来。在全身反应教学中，学生的主要任务就在于听指令，并根据指令来表现。

教师是课程的设计者与导演。在全身反应教学中，教师处于指导地位，因此教师应该引导每一位学生展示自身的才能，并对学生的表现进行评价与鼓励。

在全身反应教学中，教材是没有特定形式的，教师的行为、语言等可以为课堂提供良好的基础。因此，在全身反应教学中，教师可以将书本、笔、课桌椅等结合起来开展教学。

小学英语教学的最终目的是让学生能够使用英语进行交流，传达自己的思想与情感。全身反应教学是在语言与行为之间构建关联，并通过呈现—模仿—理解—运用这四个阶段，逐渐由教师示范向学生展示行为过渡。在很多的小学英语教学中，学生的模仿都与教师示范是一样的，当然在初始时期，教师的示范是为了打开学生的思维，但是如果一味地让学生对教师的示范进行模仿，那么也会降低学生的创造性思维能力。因此，在运用全身反应教学法时，教师应该在学生理解之后鼓励他们发散自己的思维，创造性地进行模仿。

（二）做好课堂管理

全身反应教学法中包含很多的角色表演、游戏活动，而小学生一旦活跃起来就很难进行控制，因此教师在开展教学的过程中还应该做好课堂管理，这样才能收获预期的效果。也就是说，在实施全身反应教学法时，教师应该将活动目的、活动规则、班级任务等因素考虑进去，进行认真的监控，对问题进行恰当的处理，这样才能防止出现混乱情况。

总之，由于全身反应教学法在英语学习与动作、行为之间建立了关联性，而且与小学生的学习特点、认知特点相符合，因此是当前应用广泛的一种教学法。当然，教师在使用全身反应教学法时，应该提升自身的素养，能够恰当找到一些句子与肢体动作之间的关联，并注意协调性，适当对学生进行引导，从而强化英语教学。

第四节　支架式教学法

支架式教学法源自于维果斯基的"最近发展区"理论，在维果斯基看来，儿童智力活动所需要解决的问题与原本能力之间是可

第三章 小学英语教学的常见方法

能存在差异性的。儿童基于教师的帮助与指导,可以将这些差异予以消除。支架式教学应该为学生对知识的理解建构一个概念框架,这一框架是为学生理解问题准备的。基于此,教师在设计时需要将复杂的学习任务进行分解,从而便于学生更好的理解。

一、支架式教学法的基本步骤

支架式教学法要求教师基于学生的基本水平,为学生构建支架,对学生进行巧妙的引导,随后撤出支架,是从有到无的一个教学过程。支架式教学一般由如下几个步骤构成。

（一）进入情境

进入情境即教师运用一些方式对情境进行设置。例如,可以通过一些图片等为学生呈现情境,让学生制作海报,介绍自己的生日宴或者喜欢的运动等。

（二）搭建支架

搭建支架即从当前的学习主题入手,根据"最近发展区"的原理来搭建支架,简单来说就是教师从学生的认知特点出发,设置恰当的知识框架。例如,如果学生没有接触过英语海报,那么对海报的格式、内容等也必然不熟悉,这就需要教师为学生提供必要的模板与制作要求等。

（三）独立探索

独立探索即基于教师的帮助与同学启发,学生对问题进行独立探索与解决。当开始探索之前,教师应该给予启发与指导,然后让学生自己分析。当然,起初的指导要多一些,之后逐渐减少,最终做到不需要教师的指导,学生自己能够在概念框架中探索与提升自我。

(四)协作学习

协作学习即学生对问题进行合作解决。学生展开小组讨论、协商等过程,在共享集体成果的基础上,对当前所学进行正确、全面的理解,从而完成对所学知识的意义建构。

(五)效果评价

对效果进行的评价包括自我评价、师生评价,也包括同学互评。评价的内容涉及如下几点。

其一,学生的自主学习能力。

其二,学生对小组协作做出的贡献。

其三,学生是否实现对所学知识意义的建构。

对于上面这几个步骤,教师可以考虑学生的情况进行适当调整。在支架式教学中,学生的自主学习能力逐渐增强,教师的评价手段也更为多元化了,从而使学生的英语能力得到真正的提升。

二、支架式教学法的设计方式

支架式教学中的"支架"也称为"脚手架",其源于建筑行业,用于比喻概念框架,目的在于用概念框架作为学生学习中的脚手架。而在这之中,支架的搭建是非常重要的,其设计方式具体划分为如下几种。

(一)设计范例

范例是与学习目标相符的学习成果,往往将特定主体学习中最重要的、最典型成果形式、探究步骤包含在内。例如,教师要求学生制作食谱、海报等完成学习任务时,教师可以展示以往学生的作品,也可以从学生的视角出发制作范例来展示。如果一则范例制作得好,那么会在主题、技术上为学生提供引导。

第三章 小学英语教学的常见方法

范例并不一定总是有形实体或者电子文档,还可以是教师操作的过程与技巧,教师在展示一些非实体案例时,可以一边操作一边说明,强调重要的步骤与层面,这样也会对学生起到很好的启发作用。

(二)设置问题

问题是学生学习过程中最为常见的支架形式,有经验的教师往往会为学生设置这类支架。当教师可以预测学生会遇到某些困难时,对支架问题进行恰当的设置显得非常重要。例如,人教版小学英语(实验教科书)六年级上册 Unit Four *I Have a Pen Pal*,Part A,*Let's read* 这节课的设置如下。

为了让学生在阅读中能够抓住文章关键信息,教师可以为学生设置这类问题:
Questions about the first letter:
(1)Where does Alice live?
(2)What's Alice's hobby?
(3)Who likes drawing pictures and making kites?
Questions about the second letter:
(1)What's Liu Yun's hobby?
(2)How about her family?
(3)Does Liu Yun have a sister or brother?

对于学生而言,教师提供的问题如同一个脚手架,能够让他们攀登而上。而学生将问题加以串联,就构成了语篇的主要内容。

(三)提出建议

当学生在独立探究或者合作学习中遭遇困难时,教师应该给出一些合理的建议,引导学生解决这些困难,顺利完成学习。也就是说,这里的问题支架就变成了建议支架。相较于问题支架对学生的启发性,建议支架显得更为直接。例如:

> 人教版小学英语(实验教科书)六年级上册
> Unit Four *I Have a Pen Pal*, Part A, *Let's read*
> Suggestions about the first letter:
> (1) You should try to grasp the information about the place where Alice lives in.
> (2) You'd better find out Alice's hobby.
> (3) You can explore for the person who likes drawing pictures and making kites.
> Suggestions about the second letter:
> You may first look for Liu Yun's hobby and then the information about her family. At last you should make sure if she has a sister or brother.

(四)绘制思维导图

思维导图是一种图像式的思维工具,是一种运用图像来辅助思考、表达思维的工具。著名学者皮尔斯总结了48种图表形式,如概念地图、归纳塔、流程图、目标图、循环图等。小学英语教师应该从教学目标、教学内容出发选择合适的图表。例如,人教版小学英语(实验教科书)六年级上册 Unit Four *I Have a Pen Pal*, Part A, *Let's read*,教师设计的概念地图为学生提供了重要的指导,如图3-2所示。

If you have a new friend, what do you want to know about the new friend?

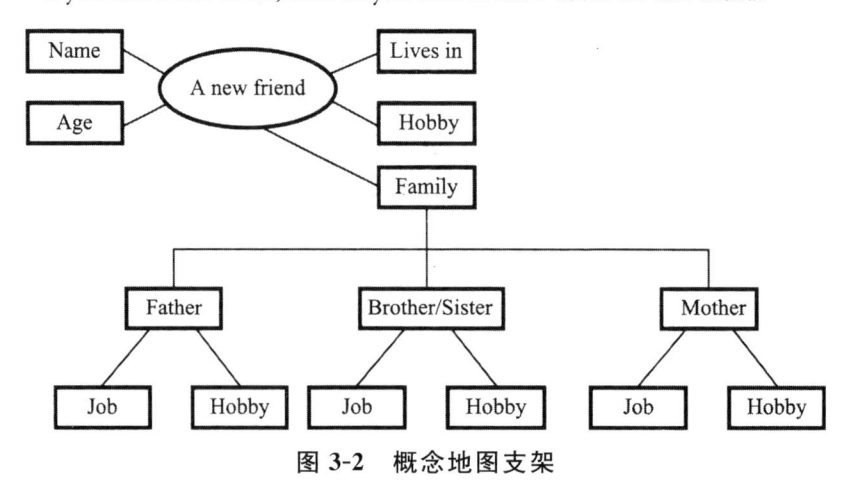

图 3-2 概念地图支架

(资料来源:陈冬花,2015)

三、支架式教学法设计的基本要求

支架式教学在小学英语教学中得到了广泛的运用。但是,教师在运用这一方法时需要注意如下两点。

(一)准确定位

教师首先要对学生的"最近发展区"进行准确定位。具体来说,以下三种方式可以帮助定位。

(1)课堂观察,在教学过程中,敏锐觉察学生的状态变化,以此来判定教学内容是否合适。

(2)进行测试,主要是卷面测试,通过可以量化的试卷成绩等来摸清班级学生的学习程度,避免观察法可能产生的主观判断和偏差。

(3)学生反馈,主要是通过学生填写问卷调查来实现,问卷中要包含对教学材料的难易判定、自己学习情况的判定以及对未来材料难易度的期待等。

(二)适时提供支架

教师需要把握好适宜的时机为学生提供合理的支架。适宜的时机指的是教师提供支架和撤出支架的时间。教师只在学生遇到困难、无法完成任务时为其提供支架,而在学生能够通过独立学习或小组学习解决问题、完成任务时,及时撤出支架。所以,教师要关注学生的学习过程及反馈,在学生需要的时候为其提供支架,并在学生能够开展任务时撤出支架,给学生充分的探索空间。

第五节 自然教学法

自然教学法是 20 世纪 70 年代由克拉申等人提出的,是基于二语习得理论的一种强调听说在前、读写居后的教学方法。自然教学法认为,二语习得同婴幼儿习得母语一样,要求教师在教学中做到如下几点。

其一,最大限度地将学生的语言输入予以扩大。

其二,为学生创设愉快、轻松的学习情境与氛围。

其三,尽可能运用英语进行交流与探讨。

其四,纠错主要集中于书面作业,而不是口头活动。

一、自然教学法的基本步骤

在小学英语教学中,自然教学法具有四大特点:真实舒适的环境、积极的学习状态、以学生为主体的课堂管理、以需求为定向的教学设计。因此,教师在实施自然教学法时,可以从如下几个步骤着手。

(一)表达前阶段

在这一阶段,教师要自然地与学生展开谈话,使用基本词汇、句型,并且对重点词汇、句型等进行突出与重复。教师通过身体动作、视觉提示等,帮助学生进行理解,学生只需要能够听懂,并执行简短指令、做出非语言性反应即可。很多时候,学生在开口之前需要一个沉默的过程,在这个时候,教师需要有耐心。对于小学生来说,教师通过身体动作、图片等帮助他们来理解,可以让他们加深印象,学到知识。

(二)早期表达阶段

在这一阶段,教师与学生展开自然的对话,选择使用简单的词汇、句子结构,注意学生能否根据指令做出正确的反应。这时候,学生已经掌握了一定数量的词汇与句型,教师可以设置一些有趣的问题来吸引学生,激发学生的学习积极性。

(三)表达阶段

在这一阶段,教师运用简单、自然的语言与学生进行谈话,用以 How 为首的疑问句展开提问,要求学生用短语或者完整句子加以解释,呈现自己的观点与意见。在生活中,教师应该鼓励学生多与他人交流。当然,教师可以设计一些能够提升表达欲望的问题。例如:

How are you?

How is the weather day?

How to get to the cinema?

二、自然教学法的设计方式

自然教学法强调语言材料的输入,认为可理解的语言材料的输入是英语学习成功的重要层面,这种输入可以通过不同的途径与方式展现给学生。因此,课堂教学必须为学生提供输入与输出刺激,让学生的多种感官都调动起来,采用不同的技能与目标,与学生的学习水平和风格相符。一般来说,自然教学法的设计方式主要有如下几种。

(一)使用简单的英语指令

自然教学法的设计要从学生的实际出发,尽量采用英语,并对母语进行恰当运用。小学英语教学中往往出现教师讲的英语学生听不懂的情况,这说明教师说的英语超越了学生的语言储备,导致学生毫无反应,这实际上大大降低了教师语言输入的有效性,同时占用了学生的大量实践的时间,使得课堂效率低下,这时教师采用汉语进行解释,学生就能明白什么意思了。

(二)由浅入深处理教材

对事物的认知总是从简单到复杂的过程。而教材往往受语言体系的影响,具有较大的知识跳跃性,有些甚至缺乏过渡的环节,这就要求教师必须根据从简单到复杂的原则,考虑学生的接受能力,对教学内容、教学方法进行恰当的安排,这样才能缩小教材的跳跃度,使学生真正地掌握知识。当然,教师在处理教材时,要以旧知识导入新知识,通过讨论学生熟悉的话题,让学生对新的知识予以理解。

(三)准确讲解教学内容

新课程倡导体验、参与与合作等学习方式,这使得英语学习的过程成为学生情感态度培养、实践与思维的过程,有助于提升学生的自主学习能力。但是,很多教师在备课时往往侧重于教学重难点,忽视对这些语言重点细节的讲解。如果仅仅是简单的重复,那么很难让学生将新旧知识组合起来,也不能发挥学生的想象力。因此,教师应该对教学内容进行准确的讲解,让学生开拓脑筋,通过比较、分析、综合等理解知识,提升自身的发散性思维。

三、自然教学法设计的基本要求

在设计自然教学法时,应该遵循如下两点基本要求。

(一)理解在前,表达在后

在小学英语教学中,听、说、读、写既是内容也是手段。在这四项技能中,听、读为理解,说、写为表达。正确的表达必须基于正确的理解,因此在小学英语教学中,教师首先应该让学生理解信息,即为学生设计多元的输入活动,然后基于理解再为学生设计多元的输出活动,以刺激学生对信息进行表达。

(二)以掌握为中心

自然教学的每一个阶段都应以学生的掌握为中心。在初学阶段,要创设轻松愉快的学习氛围,使学生在"无意识"状态下习得语言。在后续阶段,要适当强调"有意识"地学习词汇、语法、句型等语言知识,保证学生使用语言的规范性。需要指出的一点是:必要时,可以使用母语进行解释。

第四章　小学英语学习的常见方法

新时代的发展催生了很多新颖的学习方式,如合作学习、探究学习、自主学习等。这些学习方式以学生为主导,学生是学习的主动接受者,因而比较适合小学生自身的学习发展。本章主要针对以上所提及的小学英语学习的三种常见方法展开分析。

第一节　合作学习

随着基础教育改革的深入推进,合作学习作为一种重要的学习方式被教师普遍接受,并被运用于课堂教学之中。

一、合作学习的定义

合作学习(Cooperative Learning)是20世纪70年代初兴起于美国,并且在20世纪70年代中期至80年代中期取得实质性进展的一种富有创意和实效的教学理论与策略。它是指学生为了完成共同的任务,实施明确的责任分工的互助性学习。它要求学生在由2~6人组成的异质性小组中从事学习活动,共同完成教师分配的学习任务。小组成员在共同努力完成目标的过程中互相依赖、互相帮助和互相激励,从而完成一定的学习任务。

二、合作学习的基本要素

关于合作学习的基本要素，美国学者认为主要有以下五点。

（1）积极的相互依赖。在合作学习的情景中，小组成员之间是一种积极的相互关系。学生要认识到他们不仅为自己的学习负责，还要为小组其他成员的学习负责。小组个体要与其他组员协调起来完成任务，共同成功。

（2）面对面地促进性互动。这是学生相互鼓励和彼此支持，为取得良好成绩、完成任务、得到结论等而开展的一种学习方式。这种方式强调的是合作学习的互动性，主要功能是引导、启发学生之间开展相互激励、帮助、支持和合作。

（3）个体和小组责任。无论是学生个体还是小组群体都必须明确所承担的学习任务，但个体责任是使所有的小组成员通过合作学习取得进步的关键。这里强调的是合作学习的个体责任。

（4）人际和小组技能。这里强调教师必须要教会学生社交的技能，以进行高质量的合作。学生之间要进行无缝隙交流，学会彼此认可、相互信任、交流、求同存异、共同进步，使一些问题能得到合理解决。这里强调的是合作学习小组成员的交际性。

（5）小组自评。通过定期地组织开展小组自评，查缺补漏，明确小组成员的优缺点，增强和提升小组成员的自我纠错功能，使小组成员保持良好的工作关系，促进合作学习的开展。这里强调的是合作学习的自我诊断性。

三、合作学习中教师与学生的角色

（一）教师的角色

（1）合作学习任务的设计者。
（2）学习情景的创设者。
（3）学生教学过程的指导者、合作者。

第四章 小学英语学习的常见方法

（4）合作学习评价的组织者、管理者。

（5）合作学习中教师不再是一个信息点的发现者、知识点的裁判者，而是一个学习资源的提供者。在教学中教师既是学生的指导者，又是与他们合作并分享学习成果的好伙伴。

（二）学生的角色

在合作学习中，学生不再是知识的被动接受者，而是学习的主体。在合作学习中，学生的积极性高涨，合作小组中每一个成员主动参与，在"我为人人，人人为我"的合作共同体中，按照合作学习的要求，平等参与并承担相应的角色和责任。学生可以扮演很多种角色，如组织者、记录者、观察者、计时员、提问者等。

四、合作学习的特征与基本方法

（一）合作学习的特征

合作学习尽管形式各种各样，但它们都有一些共同的特征。

（1）小组目标（Group Goal）。任何合作学习的小组都具有小组的学习目标。

（2）个人责任（Individual Accountability）。在合作学习的小组中，每个学生都承担小组中的一件独立任务。

（3）均等的成功机会（Equal Opportunities for Success）。在合作学习中，所有学生都有均等的机会对小组做出贡献。

（4）小组竞争（Team Competition）。小组竞争是指合作学习小组内成员之间相互分工协作，而各个学习小组之间存在学习竞争。

（5）任务专门化（Task Specialization）。任务专门化是指合作学习的小组成员接受独立的任务。

（6）适应个人需要（Adaptation to Individual Needs）。适应个人需要是指教师要制定适应学生个人需要的教学方法。

(二)合作学习的基本方法

合作学习的基本方法各有不同,概括起来,被广泛开展应用的小组合作学习方法有以下四种。

1. 学生小组成绩分工

学生按照4～6人分成组,由教师先进行授课辅导,然后学生小组进行合作学习。在所有成员掌握所教内容的基础上,所有小组成员再参加个人测验,并评定出分数。

2. 小组游戏竞赛

按照小组游戏竞赛的方式将学生按4～6人分成一组,由教师事先将授课内容转换为游戏,使学生在游戏中掌握学习内容。为了让学生在合作学习中体味到学习的乐趣,以每周组织一次竞赛代替测验,评定分数。

3. 小组辅助个人

按照智力、性格、兴趣和成绩的差异进行分组,充分发挥学生能力在小组中的互补性,对成绩优异者采取即时表扬,真正把合作学习和个性化教学融合在一起,提高学生的学习动力。

4. 小组调查

学生在小组中运用合作学习、小组讨论开展学习活动。把全班组成2～6个小组,从全班都学习的单元中选出一个课题,各小组又分配个人任务,各组员围绕子课题开展研讨。子课题研讨成果由小组汇总后,在全班交流经验,分享合作学习成果。

五、合作学习在国内外普遍应用的五种具体形式

目前,合作学习在国内外普遍应用的五种具体形式如下所述。

第四章　小学英语学习的常见方法

(1)问题式合作学习。问题式合作学习是指教师和学生互相提问、互为解答、互做教师、既答疑解难又能激发学生学习兴趣的一种合作学习形式。这种合作学习模式又可分为学生问学生答、学生问老师答、老师问学生答、抢答式知识竞赛等形式。在实施教学时,应根据学生的学习心理特征设置问题。

(2)表演式合作学习。表演式合作学习是指通过表演的形式激发学生的学习兴趣,培养学生自主探究的学习品质,或作为课堂的小结形式检验学生对所学知识的理解。

(3)讨论式合作学习。讨论式合作学习是指让学生对某内容进行讨论,在讨论的过程中实施自我教育,以达到完成教学任务的目的。

(4)论文式合作学习。论文式合作学习是指教师带领学生开展社会调查实践,并指导学生以论文的形式汇报社会实践的结果。此类活动一般每学期举行2~3次,重点放在寒暑假。

(5)学科式合作学习。学科式合作学习是指将几门学科联合起来开展合作学习。例如,语文学了与春天有关的文章,可让各学习小组围绕春天去画春天、唱春天、颂春天、找与春天相关的各种数据、观察与春天相关的各种事物等,最后写成活动总结。

六、如何进行科学分组

进行科学分组是小组合作学习的前提。有效进行学生分组才能更好地完成教学任务。合作学习能否取得成效在很大程度上取决于合作小组的组成情况。因此,要在充分了解学生的基础上按需要进行具体的小组合作学习。常见的分组方式有以下两种。

(1)采用异质分组的原则,也就是将全班学生按照学业水平、能力倾向、个性特征、性别乃至社会家庭背景等方面的差异进行合理搭配,优化组合。

(2)采用强弱搭配的原则,把学生按照学习程度分成优良、中等、学习困难这三个等级开展小组学习,这种分组方式常在分层教学时进行。

当然,小组划分的方式是灵活多样的,可以依据活动的主题、学生的兴趣,或者根据学生座位的就近原则进行合理分组。

分组方式的变化能够调节合作学习的学习气氛。但无论哪种分组方式,一般情况下应坚持五项原则。

①要尊重学生的兴趣和知识背景。
②要尊重学生彼此之间的良好关系。
③要多采用组间同质、组内异质的分组方式。
④要尽量拉近组员间的空间距离,有效调动小组之间开展各项活动的积极性。
⑤要以学生为中心,尊重学生的主观意愿。

七、合作学习的课堂教学模式解析

小组活动为课堂教学提供了简便、有效的实践模式,可以应用于以下四个环节。

(一)在"新课导入"环节应用

新课导入阶段是为了巩固、复习上一节所学内容并且为呈现新内容做准备。为使学生能以一种积极的心理状态进入本堂课的学习,教师巧设问答练习或者小组表演对话。例如:

Listen and do(听听做做)

Follow me(跟我学)

Do as I say, not as I do(照我说的做,别照我做的做)

以五年级《新起点》第二册中 My Favorite Season 为例,在讲授第二课时,教师可以先带领学生练习一些短语的表达,如 running, swimming, flying kites 等。教师一边做动作,一边带读单词,也可以让学生看动作说单词。

在进行小组对话时,教师设计如下问题。

第四章　小学英语学习的常见方法

T:"What season do you like best?"
S:"I like summer best."
T:"Why?"
S:"Because I can swim."

教师可以要求学生做动作,小组同学可以配合练习对话。

(二)在"呈现新课"环节应用

在新知识的呈现阶段,教师主要是把本堂课的教学内容展示出来,目的是让学生熟悉课本新知识。以控制式的机械性练习为主,教师可以通过展示一些图片、幻灯、实物、提示词等"指挥"学生进行练习,这时最好穿插 pair work(内容简单的话不必让学生先准备,反之事先做些准备),直接以快频率的方式让学生一对一地进行小组(pair by pair)问答。学生可以通过视觉、听觉、口头表达,很快地掌握新的语言项目。这样做的特点是节奏快、密度大、频率高,使学生在紧张、热烈的气氛中保持学习的兴趣和参与的积极性,并且差生也跟得上。

(三)在"练习"环节应用

这一阶段的目的是帮助学生加深对新的语言项目的理解,巩固新的语言习惯。教师主要是针对重难点,有步骤、有目标地引导学生进行小组合作学习。学习交往理论认为,多项交往的组织形式有利于形成积极的课堂气氛,有利于学生之间互帮互学,有利于发展学生的思维。因此,适时引用小组合作学习模式,师生、学生之间相互补充、相互启发、相互评议,可以达到训练语言能力、培养交际能力的目的。

例如,用几分钟时间让学生看图、看物问答,模仿对话,表演课文对话等。教师对有困难的"队"或"组"进行必要的指导。以 *This My Day* 一课为例,学习句型"What do you do weekends?"

教师通过多媒体或图片等,向学生展示 go to the zoo, go to see my grandpa, go to the library 等图片,然后小组 4 人共同练习

对话讨论,填写调查表。

练习结束后一定要抽查几对或几组当堂表演,以了解练习情况,并对表演出色的组进行适当的表扬,以调动学生的积极性。这种分组练习并评议的方式既可以调动学生的积极性,也可以培养学生集中注意力、不开小差的好习惯。

(四)在"巩固"环节应用

这个阶段的目的是使学生在模拟日常生活的多种背景中,运用所学的语言解决实际问题,进而体现语言的各种功能。这是"合作互动"教学模式的重要环节。教师应让学生来做主人,通过分组活动、讨论、评价激励和互为师生等方式使学生在"互动"中巩固知识,教师只作适当的点拨、指导。

学生根据课本内容进行角色扮演、会谈、讨论解难、模拟采访等。在小组表演时课堂气氛热烈、活跃,每个学生都有发挥、表现自己的机会。通过课堂语言实践训练,学生获得了充分的运用语言的机会,为获得"用英语进行交际的能力"打下了扎实的基础。

八、合作学习在小学英语教学中的运用

(一)合作学习单词

小学生学习英语一般从三年级开始,教材中的词汇量比较大,在一节课内从初步接触到熟练掌握需要一个渐进的过程。而通过4~6人的小组合作学习单词,相互学习、相互帮助,能达到加速巩固的效果。例如,在讲授 Book 1 Unit 4 *We love animals* 中的动物单词(pig, squirrel, mouse, bear, bird, elephant)时,课前让学生6人一组准备好这些动物头饰。在讲授新单词时,教师通过出示图片与词卡,让全体学生听清教师发音,然后教师领读,学生跟读,再检查个别学生,从优等生、中等生到后进生逐步纠正其

第四章　小学英语学习的常见方法

发音。

在这个基础上,教师再头戴老鼠头饰,边说 Hunt like a mouse 边表演如老鼠般寻找食物的样子。再采取分层教学的原则,让优等生、中等生跟着教师边学会发令边做动作,让后进生能听懂理解并跟着做就可以了。接着让优等生或中等生上台发令,其他学生做动作。

再接着将全班学生分成6人小组分别戴上其中的动物头饰,让等会儿发令的优等生轮流当小组长发令,其他成员做动物的动作,如 climb like a bear, jump like a squirrel。成员间相互帮助,指点和提醒那些记不住或说不好指令的学生,这种学习气氛和谐浓厚,让学生体验到共同学习的愉悦感。

在以小组为单位的展示比赛中,发令的语音语调准确、动作整齐的为优胜组,接受教师的表扬和鼓励,集体获得一朵大红花。组员各获得一个学分并记录在册,这更使他们强烈地体验到小组合作学习的成就感。

(二)合作学练对话

在英语的对话学习中,教师可根据对话的长短和角色的需要设置2人、3人或4人的小组为学习单位。为更好地落实和提高口头熟练率,在起始阶段教师通常让优等生与后进生或中等生搭配组成2人小组(pair work),轮换角色着重操练对话中的重点和难点。等到比较熟练后,再组成3人或4人的小组(group work)串联前几组对话,综合表演新的对话群。例如,学习 Book 1 Unit 5 B *Let's talk* 中的以下对话:

(1) A: Have some juice!
B: No, thanks. I like Coke.

(2) A: Can I have some chicken?
C: Sure. Here you are.

(3) A: Thank you.
C: You're welcome.

教师先复习"Have some…""Thank you"再引出"You're welcome."让学生两人一组练熟后,再引出:

A:Have some juice!

B:No,thanks. I like Coke.

学生熟练后,再引出如何向别人索要食物或饮料的对话,让学生换其他食物或饮料继续操练。

A:Can I have some chicken?

C:Sure. Here you are.

最后,再组织学生3人一组表演在室外野餐时相互交流食物或饮料的情景对话。让3人小组合作准备"食物或饮料",相互轮流招待另外两位并向他们索要食物或饮料并致谢。对话期间出现小错误等问题时,小组成员都会热心地提醒并帮助解决。

不容置疑,在小组长的示范和带动下,组员通过共同努力、相互帮助,进行角色的综合表演。而且后进生在同学的激励和帮助下也能很好地参与并积极地学习。在民主、平等、合作的氛围下,学生可以提高自主学习的积极性,增进彼此之间的情感交流,培养自己虚心向同学学习的良好素质。

在以语音、语调及语言的流利程度为标准的评判中,评出的最优对话小组及对话中表现进步的学生,都受到教师的表扬,同时教师还鼓励他们下次能取得更大的进步。小组兼个人的激励性评价更促进了学生合作学习和编演英语对话的热情。

(三)合作完成游戏

在英语学习中,以小组为单位的比赛性游戏,能大大激发学生的求胜心理和集体荣誉感,能进一步激发学生参与的积极性。小组成员为了共同目标个个都会积极努力,争取达到优胜。例如,在学习 shapes 这一内容时,教师先教授形状的单词:circle,square,triangle 等。

在练习环节,将班上同学分为6人一组,共8组,小组中6名同学一起用这些图形拼成一幅图画,组内同学用英语将所画的图

第四章 小学英语学习的常见方法

进行描述。教师将学生画好的图展示在黑板上,小组选一名同学代表发言,用英语描述图画。教师引导全班比一比哪组画得好,然后问"What shape is it?"答对的同学即获得一个形状的图片,最后哪一组得到形状最多则获胜。

游戏的方式是学生们很喜欢的,学生通过合作完成了学习任务,既巩固了语言知识又培养了团队的合作精神。

(四)合作共享智慧

合作学习还可以在课外进行。教师根据教学要求安排给学生一些任务,如兴趣小组成员合编一份手抄报或制作贺卡等小制作。制作贺卡时,一般是先让学生讨论贺卡的主题和款式,然后再分别收集资料各自设计,最后以小组为单位展示集体成果。优胜组集体受到表扬并且个人均获得一颗五角星;另外再评出最佳贺卡,其作者则获得两颗五角星,并收入年级档案袋内。

学生编报,安排 4～5 个学生为一组。首先让小组成员集体讨论版名、版头的布置以及主题和内容,然后要求学生分头查找资料,既可从师生现有的《小学生英语周报》《小学生英语天地》等处查找,也可从网上搜索、下载资料,再通过小组讨论合理取舍已收集的资料,最后全体成员统一策划,敲定版名、版面,合理排版。接下来根据个人的特长进行分工。

(1)让擅长排版者划分区块勾勒线条。

(2)让书法漂亮者负责抄写文本类资料。

(3)让擅长画画者负责绘画。

(4)让其余成员做帮手完成涂色或给报上的生词作注解。

大家各司其职,分工合作,完成一份份精美的小报。通过成果展示评比,评出最佳英语报,如《英语 ABC》《英语天地》《英语快报》等,同时评出最佳绘画能手、最佳书法作品和最佳版面设计。这既让学生发挥了特长,又增强了他们的自信;既共享集体的智慧,又体验了劳动的成果;既分享了学习乐趣,又提高了协作能力,让学生在学习中感受到快乐。

(五)合作进行口试

一般来说,教师都是以 3～4 人的合作小组来进行期末口语测试,建组的原则基本采取同质组合,让学生根据自己的意愿和兴趣爱好,自由组合考试小组。尤其是让基础较好的学生去辅导基础较弱的学生,并给辅导者适当加分,提高他们辅导学生的主动性。考试的内容均以本学期学过的英语会话为基础,小组成员自选对话,然后创设情景,分配角色(小组长分配组员角色),落实具体角色所对应的对话,协调搭配各对话群中的上下句。

优等生往往承担对话中较难、较长的角色,而让后进生表演较易、较短的对话,如 Unit 1 Book 2 中的如下对话:

A:Look! I have a new kite.

B:Oh,It is beautiful!

A:Let's fly it.

B:OK.

A:How many kites can you see?

B:I can see 12.

A:No,11. The black one is a bird.

B:Oh!

优等生主动承担角色 A,而让后进生承担角色 B,同组学生要相互尊重和宽容。这种以完成任务为目标的小组合作学习,创设了开放性的学习环境,可以满足学生的个性和能力差异的需要,符合因材施教的原则。

第二节 探究性学习

一、探究性学习的理论依据

探究性学习的理论依据主要是认知心理学中的建构主义学

第四章 小学英语学习的常见方法

习理论。建构主义的核心理论可以概括为：以学生为中心，强调学生对知识的主动探索、主动发现和对知识意义的主动建构。夸美纽斯的直观性教学原则认为，要使学生掌握真正的、确切的知识，应多从实际中去获得。孩子们必须学会了解并考察事物本身而不是别人对事物所作的观察。

建构主义学者顾黄韧、张悦群认为，认知灵活性理论反对传统教学机械地对知识作预先限制，让学生被动地接受；但是同时它也反对极端建构主义只强调学习中非结构的一面，即反对忽视概念的积极性。它主张，一方面要提供建构理解所需要的基础，另一方面又要给学生广阔的建构空间，让他们针对具体情景采用适当的策略。

二、探究性学习的含义

美国国家科学教育标准中对探究的定义是：探究是多层面的活动，包括以下几个方面的内容。

(1)观察。
(2)提出问题。
(3)通过浏览书籍和其他信息资源发现什么是已经知道的结论。
(4)制订调查研究计划。
(5)根据实验证据对已有的结论做出评价。
(6)用工具收集、分析、解释数据。
(7)作出解答、解释、预测以及公布交流结果。
(8)探究要求，确定假设，进行批判和逻辑思考，并且考虑其他可以替代的解释。

相对于学生而言，探究作为一种学习方式，是指学生在学习情景中观察、阅读，发现问题，收集数据，形成解释，获得答案，并进行交流，研究学习。

三、探究性学习应处理的四种关系

探究性学习等同于"探究学习"。作为一种学习方式,课堂中的探究,即探究学习与探究教学,具有开放性、探究性、实践性的特点,体现了以下四种关系。

(1)参与和探索的关系。探究学习要求所有学生都参与学习过程,把学生视为"小科学家",让他们通过一系列的探索去发现结论,而不是将现成的结论直接告诉学生,这是培养学生钻研精神和实践能力的有效途径。

(2)平等和合作的关系。探究学习中,每个学生都有机会取得成功,学习的成果是学生合作的结果。教师与学生的关系是平等的,教师是学生的朋友、伙伴。因此,探究学习是一个合作的过程,而不是竞争和对立的过程。

(3)鼓励和创新的关系。在探究学习中,教师鼓励学生自由想象,提出各种假设和预见,充分尊重他们的思想观点,使学生敢想敢干,培养创新精神。

(4)自主和能动的关系。探究学习的另一重要特点是自主性。在整个学习活动中,学生自选课题、自定工作方案,教师不能直接干预整个过程。虽然最后评鉴是经教师提议进行的,但怎么做还是由学生自己来决定的。

四、探究性学习应把握的三个环节

探究性学习的基本过程包括确定问题、形成探究思路、实施探究和反馈结果三个环节。

(一)确定问题

探究过程的第一步就是要确定问题,分析问题的属性,进而根据问题的属性,确定采用哪一种程度的探究活动,有没有必要展开深入的研究,是进行完全的探究还是不完全的探究,还是以调查及资料的收集、整理和评价为主。在解决问题之前,不仅要将问题界定清楚,还需要确定问题的情景,也就是清楚地描述问题空间。

(二)形成探究思路

研究了问题以后,需要在经验的基础上形成解决问题的思路。有些时候,教师可以考虑与学生一起讨论解决问题,这样的问题对学生来说是"自己的",也更能促使学生将自己的知识经验调动起来,分析问题,收集信息材料,形成解决的思路和策略。另外,问题的属性不同,采取的解决策略也有很大差别。

(三)实施探究和反馈结果

开展探究是整个活动的核心过程,探究的过程是学生根据所确定的探究思路,进行调查、实验、资料收集、访问、考察等各种探究活动,最终将问题予以解决,并得出探究结果的过程。经过一系列探究活动以后,将形成不同形式的探究结果,可以是实验报告、访谈结果、调查报告、作品等。探究结果的展示与交流,实际上也是探究过程的一种活动方式,可以被视为探究过程的结束活动。

五、探究性学习应设定的五种课堂教学模式

(一)情景引导式

探究式模式的教学总是围绕课程中的某个知识点而展开。与基于问题式的学习不同的是,这个知识点并非选自社会生活中的现实问题,也不是由学生自由选择而产生的,而是由教师根据教学目标的要求和教学的进度来确定的。一旦确定了这个教学出发点或者学习对象后,教师就要通过问题、任务等多种形式,使

用适宜的教学手段来创设与此学习对象相关的学习情景,引导学生进入目标知识点的学习。

(二)启迪切入式

学习对象确定后,为了使探究式学习切实取得成效,需要在探究之前由教师向全班学生提出若干富有启发性、能引起学生深入思考、并与当前学习对象密切相关的问题,以便全班学生带着这些问题深入思考。这一环节至关重要,所提出的问题是否具有启发性、是否能引起学生的深入思考,这是探究性学习是否能取得良好效果的关键。

(三)自主探究式

在教学过程中要特别强调学生的自主学习和自主探究,以及在此基础上实施的小组合作学习活动。一节课的教学目标主要靠学生个人的自主探究加上学习小组的合作学习活动来完成,因此本环节成为探究性教学模式中的关键教学环节。

在实施过程中要处理好教师、学生、信息技术几个角度之间的关系。教师起到引导、支持的作用,学生要充分发挥学习的主动性与积极性,通过网络、广播、电视、报刊等载体,促进学生自主探究的目的。

(四)交流协作式

本环节是与前面的自主探究环节紧密相连的。学生只有在经过认真的自主探究、积极思考后,才可能进入高质量的协作交流阶段。也就是说,协作交流一定要建立在自主探究的基础上,才能为学生提供思路交流、观点碰撞、成果分享的平台。教师在此过程中要起到组织、协调、引导的作用。

第四章 小学英语学习的常见方法

六、探究性学习方法在小学英语课堂教学中的运用

（一）教具辅助式

在小学低年级的英语教学中，针对学生年龄较小、主动获取知识的能力较弱等特点，教师应为这类学生提供探究工具，如图片、投影、多媒体等辅助工具，帮助学生获取知识。例如，在学习"What's the weather like?"的内容时，教师课前将表示风、雨、雪等自然天气现象的声音用多媒体录制好，在学生基本掌握天气的英文表达方式后，教师把录制的声音给学生听，学生在听到声音的同时，根据生活经验，说出相关的英文表达，从而使学生进一步感知了天气的英文表达方式。

在教学的巩固阶段，教师可为学生提供雨伞、纱巾、墨镜等道具，启发学生根据自己的生活实际，利用道具来表示某一种天气，教师播放天气的声音，学生可以借教具并加上自己的表情，用英语表达出这种天气，这种方式可以培养学生的创造性思维能力和英文的表达能力。教师还可以为学生设计一个关于天气的主题，让学生根据教师所给定的天气图片来讨论在各种天气时学生的穿着打扮等。

（二）游戏活动式

在小学英语课堂教学中，活动式探究学习方式是指教师在创设情景的基础上，设计多种语言实践活动，让学生在活动中通过感知、体验、实践、参与和合作探究等学习方式，完成学习任务和实现学习目标。

以学生学习"穿""脱"服装的英文表达方式为例，教师可以请学生为模特（纸人）穿衣服，在活动过程中学生会为模特（纸人）穿上裙子、短裤、夹克衫等很多衣服。这时教师及时提出问题：如何穿更合适、更合理？这样一个看似简单的为人物穿衣服的课堂教

学活动,却要求学生在用英语表达前考虑自己为模特穿的服装是否合适、是否给人以美感等。这些不但要用到美学知识,更要求学生在实践中不断地发现问题进而解决问题。为模特穿上合适的服装这一活动并没有统一的答案,学生根据自己的理解完成学习任务即可。这样不仅培养了学生的探究意识,而且也培养了学生的创新精神和审美情趣。

(三)问题解决式

从认知心理学的角度来看,探究性学习实际上是解决问题的学习。在英语课堂教学中,教师应根据学生所学的内容和生活实际,为学生设置较为接近生活实际的任务,让学生在完成任务、解决问题的过程中发展创造思维能力。

例如,在学习天气和活动的英文表达方式时,教师可以利用表示天气的大图画板,要求学生以组为单位,根据不同的天气来选择可以做的事情,并把相应的表示活动的图画卡片贴在大图画板上,然后用英文描述。学生在完成这一任务的时候,必须根据图板上的天气和自己的生活经历来考虑选择合适的活动图片。

这一活动在发展学生思维能力的同时,也培养了学生的创造力,提高了学生的综合语言运用能力。又如,在学习各种房间的英文名称时,教师为每个学生提供了各种房屋的户型图,请学生辨认并用英文表达出来。这样学生首先要结合实际生活经验,分辨这些都是什么房间,经过讨论后再用英文表达出各种房间的名称。

(四)持续探究式

持续性探究学习是指延续不断的探究学习。从一个探究活动持续的时间来看,有的探究可能用不了一节课的时间;有的则可能需要几周(如观察月相的变化,寻找出规律);有的甚至要持续大半学期甚至一年(观测记录一年中某地天气的变化)。从微观的学科角度来说,设置英语学科的最终目的并不是记住几个单

第四章　小学英语学习的常见方法

词,会说几句英语,更重要的是通过英语的学习掌握学习外语的方法和策略,逐步形成英语学习的能力,为终身学习奠定基础。

因此,持续性探究学习不能以一节课为单位,下课铃响时即是探究性学习的结束。教师要抓住每节课学习内容的特点,鼓励学生进行更多的探究。例如,学生在学习了五种有关天气的英文表达方式后,学习活动并没有到此结束,教师可以让学生在课后继续寻找生活中表示天气状况的符号和英文表达方式,并要求学生在下节课上课时告诉大家。这种学习方式将课内的学习延伸到了课外,使学生意识到还有很多途径来获取更多的知识,同时又培养了学生进行科学探究的意识,为今后的学习奠定了基础。

(五)自主选择式

探究性学习的另一重要特点是自主性。自主选择式探究学习是指在整个学习活动中,学生自选课题、自定工作方案,教师没有干预。在实施的过程中,教师更没有插手。最后的评鉴是经教师提议进行的,但怎么做也是学生自己决定。学生自主是实现探究性学习目标的必然要求,只有这样才能实现探究性学习的目的。不论是探究的能力,主动积极、科学严密、不折不挠的态度,还是问题意识和创新精神,都只有通过亲自实践才能逐步形成。就算是知识,也必须通过学生的主动建构生成,而靠传授式的教学是难以获得的。

第三节　自主性学习

一、自主性学习的含义

因为人们对事物的研究立场和研究方法都不同,所以对自主学习的理解也有很大差异。对于自主学习的内涵,不同学者的意见很不统一。仅西方不同学派的学习理论者就给出了不同的解释。

以维果斯基(Vygotsky)为代表的维列鲁学派指出,从本质上说,自主学习是一种言语的自我指导过程,是个体利用内部言语调节自己的学习的过程。

以斯金纳(Skinner)为代表的操作主义学派指出,从本质上说,自主学习是一种操作行为,是基于奖赏或者惩罚做出的一种应答性反应。

以班杜拉(Bandura)为代表的社会学习理论学派指出,从本质上说,自主学习是学生基于学习行为的预期、计划与行为现实之间的对比、评价,对学习进行调节与控制的过程。

以弗拉维尔(Flavell)为代表的认知建构主义学派指出,自主学习其实是元认知监控的学习,是学生根据自身的学习能力、学习任务的要求,积极主动地调整学习策略与努力程度的过程。

美国权威心理学家齐莫曼(Zimmerman)认为,当学生在认知、动机与行为三个方面均为积极参与者时,其学习就属于自主性的,他还提出应从七个层面界定自主学习,包括学习动机、内容、方法、时间、结果、环境和社会性。

可见,从不同的角度出发,自主学习的本质有很大不同,本书主要从两个方面对其进行界定,即广义方面和狭义方面。广义上的自主学习是指人们通过多种手段与途径开展有目的、有选择的学习活动,进而实现自主发展的社会实践活动。狭义上的自主学习是指学生在教师的指导下,自觉能动地、创造性地学习,实现自主性发展的教育实践活动。狭义的自主学习即学校教育范围内的自主学习,学生为学习活动的主体,教师的指导、师生有效的交流互动是前提与条件。学生自觉、独立、主动地参与学习,从而实现学生自主性的发展是教学活动的目的。

对于学生的学习是否是自主的,学者庞维国提出可以从两个维度进行考量:横向维度和纵向维度。如果从学习的各个方面或者维度综合来看,自主学习属于横向维度。假如学生自身对学习的各个方面均能自觉地做出选择与控制,其学习就是充分自主的。具体而言,假如学生的学习动机是自我驱动的,学习内容是自己选择的,学习策略是自主调节的,学习时间是自我计划与管理的,学生可以主动营造利于学习的物质与社会性条件,并且可以对学习结果进行自我判断与评价,那么其学习就是充分自主的。假如学生在以上方面完全要依靠他人的指导或者控制,那么其学习就不是自主的。从学习的整个过程对自主学习的实质加以阐释即纵向维度。假如学生在开展学习活动前能自己确定学习目标、制订学习计划、做好相应的准备,在学习活动中可以对学习进展、学习方法进行自我监控、自我反馈与调节,在学习活动之后可以对学习结果进行自我检查、自我总结、自我评价与自我补救,那么其学习就是自主的。假如学生在整个学习过程中完全依靠教师或者他人的指导与调控,其学习就不是自主的。

自主学习是学生自己主宰自己的学习,通过学习培养其自主意识,促进其积极主动学习,实现自我完善和发展。因此,自主学习不应停留在学习技能的掌握及知识的学习上,而更要注重对学生自身内在的了解和改进,如学生的自我认识、内部动机的激发以及元认知的发展。教师既要引导学生在知识、技能上的自我提升,培养学生自主学习的态度、习惯与能力,又要指导学生自行去实践、去发现。既要立足于当前的学习,又应着眼于学生的终身学习,让学生在积极、主动的学习过程中,实现自我认识、自我教育、自我管理以及自我完善。[①]

二、自主性学习的要素

现代心理学指出,学生要做到自主学习,应该满足三个条件:一是心理要达到一定的发展水平,二是要有内在的学习动机,三是应具备一定的学习策略。

---

① 王鹤.教育信息化背景下的大学英语自主学习探索[M].北京:经济管理出版社,2016:46-47.

(一)能学

能学,也就是说,自主学习要以一定的心理发展水平为基础。在一定程度上,自我意识的发展会推动自主学习能力的形成和提升。通常一二年级的小学生因为没有形成自我意识,所以缺乏一定的自我监控能力。因为这一年龄段的学生掌握的学习技能较少,所以不适合将主要的教育目标放在培养学生的自主学习能力上。小学三年级之后,学生的自我意识有了一定发展。这一年龄段的学生能对自己的学习过程进行初步的监控,也掌握了一定的学习技能,并且可以对学习结果进行简单的自我评价,所以能就学习的某一方面进行自主性教育。进入初中之后,学生的自我意识会得到显著发展,学习更具有目的性和独立性,对学习的监控和自我评价能力得到进一步提升;他们已经掌握了一定的学习策略,在课堂教学之外,可以较为自觉地安排自己的学习活动;加之这一阶段的学生的可塑性更强,通常认为这是全方位促进他们的自主学习的最佳时期。对于高中生,他们的自主学习能力已经有了相当程度的发展,他们已经具备了独立确定学习目标、制订学习计划、选择学习内容、运用学习方法、监控学习过程、评价学习结果的能力。然而有研究表明,我国高中生的自主学习能力的总体发展水平还不是很高,不同学生的自主学习能力发展存在不平衡的现象,部分学生做笔记、拟定大纲、驾驭教材的能力较差。可见,高中阶段开展自主学习能力的培养有着重大意义。

(二)想学

想学,即自主学习应具备内在的学习动机。现代学习心理学指出,与自主学习相关的内在学习动机的成分具体涉及自我效能感、目标意识、价值意识、内归因倾向和兴趣等。自我效能感是学生对自己是否有能力从事某种学习的判断,是学习自信心在某项学习任务上的具体化。作为一种动机因素,自我效能感对自主学习的影响体现在,高自我效能感的学生在学习任务的选择、学习

第四章　小学英语学习的常见方法

策略的运用、学习自我监控、学习的坚持性等方面均优于低自我效能感的学生。学生对学习目标及意义的认识就是目标意识。目标意识对自主学习的影响体现在,自主学习的学生更倾向于设置具体的、近期的、可以完成的学习目标,而帮助低动机的学生设置这样的目标利于提高他们的自主学习动机。价值意识即学生将学习与自己的需要联系起来,认为学习"有用",如将学习与自身的前途联系起来,将学习与满足自身的求知欲联系起来等。促进自主学习的一个重要动力就是对学习的高价值意识。内归因倾向是将学习的好坏归因于自身的素质,如自己的努力、能力、学习方法等。通常,内归因倾向的学生更倾向于自主学习。作为一种动机成分,兴趣对自主学习有着较大影响,学生对某一门课程越有兴趣,其学习就会越主动和自觉。

(三)会学

会学,指自主学习也要以一定的学习策略为保障。学习策略主要有两类:一般性的学习策略和具体的学习策略。前者适合于任何学科的学习,如设置学习目标、做出学习计划、管理学习时间、理解学习内容、评价学习结果和调控学习情绪等。后者适用于具体的学习内容,如做笔记、复述、背诵、划重点、列提纲、作小结、画示意图等。自主学习既要有一般性的学习策略,又要有具体的学习策略。国外心理学家经过长期的研究总结出14种有效的自主学习策略,分别为:自我评价、组织和转换信息、设置目标和做出计划、寻求信息、记录和监控、组织环境、根据学习结果进行自我奖惩、复述和记忆、寻求教师、同伴和其他成人的帮助、复习笔记、课本、测验题等。研究证明,自主学习的学生对这些策略的运用显然要多于学习自主性差的学生,它们也能在一定程度上解释学生之间学习水平的差异。①

---

① 车军.基于自主学习的有效教学策略研究[M].北京:光明日报出版社,2012:8-10.

三、自主性学习的特点

（一）主动性

自主性学习中学生由传统教学方式中的"要我学"变成了"我要学"。学生的自主性来源于两个方面：一方面是学习兴趣。兴趣是学习的动力，可以让学习不再是一种负担，而是一种快乐的体验和享受乐趣的过程；另一方面是责任心，学生的自主参与其中，自觉地担负起学习的责任，对自己负责，积极主动地从事和管理自己的学习活动，在学习过程中自觉做出选择和控制，享有充分的自主权。

（二）独立性

在传统教学中，教师低估了学生的学习能力，压制了他们的学习独立性，导致学生的自主能力下降，其实学生是具有潜在的和显在的独立学习能力的。在自主学习中，教师应充分尊重学生的独立性，鼓励学生发挥自己的独立性，培养学生的独立学习能力。

在基础教育阶段，对待学生的独立性和独立学习还要坚持动态发展的观点。在教学过程中教师的作用要不断转化为学生的独立学习能力，逐步减弱教师的作用，使学生的独立学习能力逐渐增强，并最终摆脱对教师的依赖，进行独立自主的学习，体现出教育的终身性。

四、正确指导小学生自主性学习的基本方法

（1）创设情景，营造良好的课堂气氛。在教学中教师要创设自主合作的学习情景，使学生在合作的环境下形成独立思考、自主学习的能力，激发学生的学习兴趣，让学生成为学习的主人，营造浓厚的课堂氛围。

第四章　小学英语学习的常见方法

(2)自主质疑,调动学生的参与意识。"学起于思,思源于疑"。教学的根本在于引导学生主动思考,而思考的起点却是疑问。"疑"使学生在认知上感到困惑,产生认知冲突,引起深究性反射,产生思维活动。

(3)给足时间,创造自主的思索空间。要把学习的主动权交给学生,多采用启发、引导的方法激发学生的学习欲望,提高学生的自主学习兴趣。实践中要给学生充足的时间去操作、去思考、去交流,真正把教师的教学活动转化为学生的主动求知,从而培养学生的自主学习意识。

(4)体验成功,师生共同分享成果。在自主学习过程中,学生通过自己的努力、体验获得的知识,教师应给予评价,多鼓励,少批评,共同来分享学生的成功。这样不仅可以加深学生对已有知识的印象,而且还可以激发学生学习的积极性,真正使学生愿学、善学、乐学。

五、小学英语自主性学习教学模式的构建

下面是以 In a nature park 一课为例,教师从英语教学环境、教学内容、教学方法及教学评价等四个方面来构建小学英语自主性学习教学模式的一些做法。

(1)创设促进自主学习的教学环境。创设语言环境,激发学习动机。首先将教室布置成学生感兴趣的快餐店、动物园、商店、街道、客厅或卧室,让他们在接近自然的语言环境中高效率地学习英语。

(2)确定促进自主学习的教学内容。教师灵活地对教学内容进行补充、拓展、开发和创新。教学内容与教材紧密结合并与学生的生活相联系,与社会生活相联系,为学生营造广阔的自主学习空间,培养学生灵活使用语言的能力。

(3)制定促进自主学习的教学方法。首先,营造民主氛围,促进学生自主性学习,建立平等的师生关系,教态自然亲切。其次,

采用多种教学手段,使用电视机、影碟机、录音机、电脑课件及直观教具,引导学生自主性学习。

(4)运用促进自主学习的评价手段。在评价形式上,改变单一的教师对学生的个体评价方式,增加小组互评、个人自评和家长评价。在评价过程中,坚持形成性评价和终结性评价相结合,全面评价学生的学习态度、学习习惯和学习效果。同时,及时、准确地评价反馈,让学生拥有一份成就感,可以巩固学习兴趣。

第五章　小学英语语音、词汇与语法教学

《标准》按照全面发展的要求，把培养小学生的学习兴趣、态度、自信等放在首要地位；把学生的学习习惯和学习策略作为教学的重要组成部分；要求学生学会学习、学会自我监控、学会自我评价，从根本上确立学生的学习主体地位；不仅要丰富学生的知识，而且要培养其获取知识的能力，为学生的自主学习和持续发展打下基础。小学生学习英语知识与其他年龄阶段学习英语知识的基本要求是一致的，即不仅要掌握英语语音、词汇、语法、功能话题等方面的知识，而且要具备一定的听、说、读、写技能。本章将针对小学英语语音、词汇、语法教学三个层面展开分析。

第一节　小学英语语音教学

一、语音教学的必要性

语音是语言的基本存在形式，是语言的本质，也是整个语言学习的基础。语言是交流思想的工具。语言的交流是通过两种最基本的形式表现出来的，一是语音，二是文字。语言是先有口语，而后有书面语的，即语言首先是有声的，凭借有声的语言，人们才能达到交流思想的目的。所以任何一种语言表现媒介都是记录有声语言的符号，即文字都离不开语音，语音是语言形成的关键，是首要的。离开了语音，语言就不能存在。

人们通过语言中的语音,即"物质外壳"相互传达信息,相互传达和了解思想感情。一个人对母语的习得不是从认识文字开始的,而是通过"听"声音来接受信息的。人们会在婴幼儿阶段,通过不断地"听"来理解语音符号与事物之间的联系。随着信息量的不断扩大和婴幼儿生理的逐渐成熟,在理解了语言的有声符号意义之后,婴幼儿开始模仿使用语言,并且由笨拙到灵巧,在不断的内化之中达到质的飞跃——语言的随意扩展和自如运用的能力。

综上所述可知,接受和形成语言能力首先是从语音开始的。英语教学提倡"听说领先"。在小学英语教学中,语音教学是一个非常重要的内容,也是小学英语教学的基础。学好语音是学好英语的关键。因为在英语中,语音和语法、构词法、拼法都有联系。掌握扎实的语音知识,不但有利于正确地从声音方面来表达思想,而且有助于词汇和语法的学习。学生语音不好会直接影响朗读和对词汇的记忆,甚至影响语法等方面的学习;发音的正确与否也会直接影响是否能正确地听懂对方所说的话,领会其意思并且成功地进行交际。因此,语音是小学英语教学的第一关,是小学生英语学习入门和继续学习、不断发展的基础。要培养学生听、说、读、写综合运用英语的能力,教师首先要努力搞好语音教学。

二、小学英语语音教学的内容

(一)单音教学

单音教学主要包括字母、音素和音标的教学。

1. 字母教学

统编教材是按 26 个字母顺序编排的。在现实生活中,英文字母的出现频率大大提高,教师可以从生活中的 A,B,C 开始,

第五章 小学英语语音、词汇与语法教学

自然引入字母教学内容。例如,教师可以启发学生说出 CCTV,NBA,CBA,VCD,KFC 及表示衣服大小的 S,M,L 等,让学生感觉英语字母并不难学。对于基础较好的学生,教师除了对他们进行纠音、正调外,还要注意调动他们的积极性,让他们发挥"辅导员"的作用,帮助其他同学学好发音。学生有了特殊的任务,也就不会感到学发音枯燥无味了,同时能对自己提出更高的要求。

2. 音素教学

音素是根据语音的自然属性划分出来的最小语音单位。英语中共有 48 个音素,其中 20 个元音音素,28 个辅音音素。进行字母教学时,可以教给学生音素知识。教学时,只要让学生了解字母是由哪些音组成即可,不必出示音素的符号。小学生从一年级就开始学习汉语拼音,所以拼读这些英文字母不难。同时,在拼读字母的过程中学生对音素有了初步的语音印象,也初步培养了拼读能力。

3. 音标教学

音标是记录音素的符号。英语中共有 48 个音标,其中 20 个元音音标,28 个辅音音标。元音教学过程中首先强调舌头的位置(尤其是前元音),教会学生感受发音部位的前、中、后和高、中、低之分。在辅音教学中,除了教授学生基本的辅音音素外,还要强调声带的振动与否,这是区分浊辅音和清辅音的关键。

4. 字母、音素和音标三位一体教学

在教学过程中,教师可以将字母、音素和音标结合在一起。教师可以将字母的发音分解为音素,将含有同一音素的字母写在一起,如可以将字母 f,l,m,n,s,x 写在一起,启发学生找出规律:这六个字母的名称音含有一个共同的音素[e]。当学生在正确模仿这一音素的发音后,教师用国际音标给这些字母注音,并且指

出去掉这六个字母的第一个音素［e］，余下的便是这六个字母在单词中的读音。接下来，教师可以让学生练习拼读含有音素［e］的单词如 pen，beg，net，let，bed，hen 等。用同样的办法，教师可以教其他字母及其所含音素的发音，并且配以相应的单词进行拼读练习。这样，凡符合拼读规则的单词，学生都能做到"见其形读其音，听其音知其形"，从而使学生初步形成独立拼读的能力，为进一步在语流教学中巩固语音奠定基础。

(二)语流教学

语流方面的语音知识包括重音知识、节奏知识、连读和失去爆破、语调知识等。

1. 重音

重音是指在读一个音或音节时所用力的强度，包括单词重音和句子重音。不少学生常常将单词重音读错，句子重音也把握不准确。

(1)词重音。每个单词都有重音。单词重音的规律为：双音节词的重音多在第一个音节上，如 party。多音节词的重音多在倒数第三个音节上，如 family 等。词重音读错，就会造成误解，影响交际。教师应不断地向学生强调学习单词重音的重要性。在学习新单词时，教师不仅要求学生要把音发得准确，记住词义，还要提醒他们把重音读对，把重音看成单词读音不可分割的一部分。

(2)句重音。句重音在语音教学中占有重要位置，是学生在学会发音、连读后转向朗读句、段的必经关口。语句重音一方面有表情达意的作用，另一方面是节奏和语调的基础和骨架。句重音的一般规律为：在非强调的句子中，实词一般都有句子重音，虚词无句子重音。

2. 节奏

人们在用英语交际或朗读一个句子时所出现的一系列音节

第五章　小学英语语音、词汇与语法教学

所持有的重轻、长短、快慢的现象,即节奏。在交际过程中,话语不能说得太快,也不能说得太慢,应抑扬顿挫,高低起伏,富有节奏感。说话如果没有节奏,就会影响交流,甚至会使人感到说话者没有礼貌。英语计算节拍的时间以重音为主,讲求轻重音节的搭配。

在英语节奏教学中,要强调英语节奏的两个特点:一是英语连贯语篇重读音节之间时距大致相等;二是重读和非重读音节交替出现。同时要注意重读音节和非重读音节的音长、音强差别,通过直观的教学手段让学生掌握英语节奏。教师在教学时要注意让学生在语流中进行训练,不要把每个音、每个词都读得清清楚楚,要教会学生采取弱化、连读、省略等方法来缩短节奏中每个音节所占用的时间。待学生掌握节奏的特点之后,可以让其边用手打节拍边模仿练习。

3. 连读和失去爆破

在连贯地说话或朗读时,在同一个意群(即短语或从句)中,如果相邻的两个词前者以辅音音素结尾,后者以元音音素开头,就要自然地将辅音和元音相拼,构成一个音节。失去爆破音是指爆破音在某些情况下,不读出爆破音,而只是发音器官在口腔中留一个发爆破音的位置,不送气,停顿一下,接着发后面的音。单词中可以有失去爆破音,词组和句子中的词与词之间也存在失去爆破的现象。

4. 语调

教师在英语语音教学过程中,应特别注意语调。在同一个句子里,语调不同,所起作用和效果就不一样。例如,really 这个词,如果用升调即表示疑问,如果用降调则表示肯定。英语语调一般有升调、降调、升降调、降升调和平调五种调型。升调和降调是小学英语教学中最基本的两种语调。升调用于一般疑问句、选择疑问句的前一部分、陈述句逐项列举事物和呼语中。

教师在教授每一种语调时都应选取典型的例句,在学生反复听示范、充分感知正确语调的基础上,再简要讲解其特点,然后让学生参与各种模仿练习。学生在朗读课文或用英语表达时,都会用到节奏、重音及连读等语音知识。因此,教师要根据学生的实际情况,适度、适量地进行语音方面的教学,为学生能说一口纯正、流利的英语打下基础。

三、小学英语语音教学的原则与方法

(一)小学英语语音教学的原则

1. 准确性原则

准确性原则是英语教学要遵循的首要原则。教师自己首先应该具有正确的发音技巧,具备一定的语音基本理论,以帮助学生掌握科学、正确的发音要领;教师应该通过各种语音教学方式的使用,采用多样化的教学手段,保证学生的发音准确到位。

2. 长期性原则

由于语音教学的内容涉及面广,从入门阶段的字母、单词、日常用语,到初级阶段的课文、句子、对话,拼读规则无处不在。所以,语音教学不是一朝一夕的事情,而是要贯穿于英语教学的始终。小学生对新事物有着强烈的好奇心,求知欲和模仿能力强,但受年龄、心理、生理特点的影响,大部分学生缺乏持之以恒的毅力。针对这种情况,小学英语教师应该做到坚持不懈,逐步渗透,帮助学生扫清语音学习的障碍,让他们树立学好语音的信心。

3. 趣味性原则

语音教学尤其是单音教学等内容的机械训练,往往会使学生

第五章 小学英语语音、词汇与语法教学

觉得比较乏味、枯燥。为激发学生的学习兴趣,教师在教学中要运用多种教学手段,如英语说唱、英文歌曲、英语童谣、英语绕口令等,让学生乐于学习;同时对学生取得的进步要及时给予肯定和鼓励,使学生能积极参加学习活动,体验成功的快乐。

4.针对性原则

语音教学应该针对我国学生在学习英语语音方面的实际问题和主要困难展开,做到有的放矢。英汉语言的差别给英语语音学习带来了一定的困难。另外,各地的方言也给学生的正确英语发音造成了一定的影响。因此,教师要针对容易出错的语音项目,设计专项训练活动,让学生在讲解、对比、训练中提高发音的准确性。

5.交际性原则

语音是为交际服务的,语音的价值体现在交际当中。只讲理论知识而不开口,则不会真正使用外语。小学英语语音教学要根据小学生的年龄特点,创设生动和真实的语言环境,通过课堂上的听、说、做、玩、演、唱等多种教学活动,让学生在体验、参与、实践中运用语言,发展语言能力,体现语言的交际性。

(二)小学英语语音教学的方法

要想让学生有好的发音,能正确朗读每个音与每个词,而且在不同语境中,对重音、节奏、停顿与语调表达都能做到正确和流利,选择合适的语音教学方法非常重要。教师应充分了解小学生的特点,根据他们的智力因素和接受能力,采用恰当的语音教学方法。

1.听音模仿

对语音系统的学习主要是靠听和模仿。学习的好坏在很大程度上取决于听准教师的发音能力和准确模仿教师语音的技能。

一般来说,儿童在学习一种新的语言时,原有的发音习惯对他们的干扰不大,他们的语言模仿能力很强,远远超过成人。教师要充分利用小学生的这一特点,让学生先认真观看教师发音时的口型,听清楚、听正确、听完整以后再开口。必要时配合讲解发音的要领和方法,使学生在理解的基础上进行模仿。例如,在教音标的时候,可以让学生对照口腔发音部位图熟悉各发音器官后,再听教师示范发音,要求学生仔细观察教师发音时的口型,注意嘴唇的开合过程,再调动有关发音器官反复模仿练习,必要时可以让学生对着镜子练习。除了让学生模仿教师的语音、语调外,教师还可以指导学生听英语本族人录制的录音磁带、唱片等,并且在听的过程中帮助学生解决听力理解上的困难。除了单音模仿之外,教师还应注意学生语音的重音模仿、基本节奏模仿、语速模仿、情感模仿、情景模仿等,从而提高整体的语音水平。

2. 拼读训练

培养学生初步的拼读能力是小学英语教学的任务之一。语音拼读是要求学生掌握英文字母在单词中的发音并正确读出。教师在进行拼读训练时要从学生熟悉的词开始。拼读时应从元音字母和元音音素开始。这种练习比较适合于元音后面发音相同的单词。拼读训练一般先从单音节词开始,然后拼读双音节词和多音节词。在拼读双音节或多音节词的时候,要提醒学生注意重音。学生有了拼读能力就能够根据音标正确读出单词的发音。这种能力的培养要靠长期的训练。

3. 对比训练

小学生在学英语之前就已学过汉语拼音,因此会不可避免地受本族语的负迁移。例如,对英语中的双元音和汉语复韵母的发音,有的学生混淆不清,对此,教师要帮助学生找出英汉两种语言发音之间的联系,然后加强练习,加深理解,巩固记忆。

利用英语发音中的最小对立体,也可以较好地训练学生的发

第五章　小学英语语音、词汇与语法教学

音。最小对立体指一对只有一个音位不同并且意义有别的单词。在语音教学阶段，这种方法能够有效地训练学生的听音、读音、辨音和辨义的能力，也有利于学生较快、较多、较牢固地掌握语音及分辨其词义。

4. 总结规律

英语中字母和字母组合有一定的发音规律，教师要帮助学生把符合同一发音规则的语汇进行整合。经过对读音规则的归纳，便于学生通过读音记忆单词。另外，对英语单词重音的规则、句子语调规则进行分类总结，逐个强化训练，可以让学生在初学之时就能规范自己的重音、语调，形成良好的语感。

5. 绕口令训练

绕口令短小、活泼、诙谐、有趣，是人们在语言实践中根据语言的特点编出来的一种语言游戏。语音练习往往很枯燥，适当编排一些绕口令可以让学生目的明确、兴致盎然地进行有效的语音练习。教师可以根据本地区学生语音辨别存在困难较多的音素编排绕口令，所用的单词要尽量简单且常用，或者是学生日后会学到并使用的。要求学生先反复、连续朗读绕口令，在能正确朗读的基础上加快速度。例如：

black back ground, brown back ground
（练习辨认单元音[æ]和双元音[aʊ]）
The doctor's daughter knocked at the locked door.
（练习辨认短元音[ɒ]和长元音[ɔː]）

绕口令的训练，可以帮助学生纠正不正确的发音，区别不同的音素，提高学生的口语能力。

6. 说唱训练

好的说唱练习简单易懂，上口快，容易记忆，节奏感强，轻松有趣，有助于学生听、说、读的训练。同时，对培养学生的学习兴

趣有重要的辅助作用。例如：

　　Rain,rain,go away

　　Peter and Mary want to play

　　Rain,rain,go away

　　Come again the other day

这首童谣对学生练习元音[eɪ]的发音及句子的节奏、连读、语调等有很大作用。另外，小学英语课本也有不少儿童歌曲，利用好这些歌曲，既能活跃英语课堂气氛，又能让学生在歌唱中练习连读、失去爆破等语音技能。

　　7. 游戏练习

　　把游戏渗透在语音教学中，符合小学生以无意识记忆为主的认知特点，也符合快乐学习的要求。游戏能够激发学生的兴趣，促进学生积极参与，有助于培养学生的语音意识。教学中教师可以使用竞赛游戏、TPR活动游戏、猜测游戏、暗示游戏等加强对学生的语音训练。

　　此外，朗读练习是语音训练中不可缺少的练习活动。常规的有领读、集体朗读、个人朗读等。教师要把握好朗读练习的方式，为增加活动的趣味性，可以采用竞赛游戏的方式开展朗读活动。直观教具和电化教学手段对语音教学也很有帮助。直观教学可以充分调动学生的眼、耳、口、手等器官，开展视、听、说、唱、表演等活动，学生乐于接受，印象深刻。电化教学手段可以让学生更深层次地接受语音信息，如可以把发音器官、动作做成动画，让学生领会发音的要领；教师可以利用多媒体让学生更多地感受、学习英语本族语者发音的语音、语调、节奏等。在语音教学过程中，教师要善于发现学生的闪光点并及时鼓励，最大限度地调动学生的积极性，增强他们克服困难的勇气和信心。另外，教师可以通过设计简单的"任务"，让学生通过用英语完成"任务"来体会和感受自己的语音、语调，从而增强对英语学习的自信心。

第二节　小学英语词汇教学

一、词汇教学的必要性

词是语言中最基本的造句单位。有了词汇,就有了语言,人们就可以相互交流,可以完成正常的思维活动。反之,如果没有词汇,语言结构则无法表达意义。所以,在社会生活中,一定词汇量的积累是了解他人的意思,或是清楚表达自己思想感情的先决条件。

同语言的另外两大要素语音、语法相比较,词汇这一要素无论从数量上,还是从意义和用法上来讲,都是最难掌握的。众所周知,一个人的词汇量与其英语应用能力成正比。没有相当的词汇量,英语的应用能力只能是空中楼阁。学生如果突破了英语词汇学习的这道难关,对形成语言技能,提高综合语言运用能力有极大的帮助。

二、小学英语词汇教学的内容

《标准》要求英语课程要贴近实际,贴近生活,贴近时代。这说明小学英语词汇教学不能忽视学生的实际运用能力,要以学生的兴趣为出发点,以交际为目的,充分体现学生的主体性和语言的交际本质,强化语言交际运用的过程。小学生善于模仿,联想丰富,教师要在他们英语学习的初始阶段运用灵活、有效的方法教授词汇,让学生学会在实际生活中运用所学词汇,而不是一味地死记硬背词汇。教师要让学生对英语学习感兴趣、有信心,为他们升入初级中学后进一步学习英语打好基础。具体内容如下所述。

（1）在能够用正确的语音、语调朗读所学的单词、词组和课文的基础上，掌握所学重点单词、固定短语和基本句型的基本用法。

（2）能够用正确的语音、语调说出所学单词 400 个左右；能够拼写所学常用单词 250 个左右。

三、小学英语词汇教学的原则与方法

(一)小学英语词汇教学的原则

1. 直观性

小学生以具体形象思维为主，他们的抽象逻辑思维在很大程度上仍是直接与感性经验相联系，更具有直观性。现行的小学英语教材出现的词汇基本为常用的，和小学生日常学习、生活密切联系的人称代词、名词、动词、形容词等。例如，表示人称的 I，you，he，she 等；一年四季的名称 spring，summer，autumn，winter；表示动作的 read，write，stand，sit 等；描述事物外在特征的 big，small，fat，thin，tall，long 等。

根据小学生的特点和教材中词汇的特点，在词汇教学中应遵循直观性原则。直观教学法主要是通过实物、图片、手势、动作、表情等各种直观的教学手段，为学生创造逼真的语言环境，使学生获得生动的表象，从而加深对所学词汇的理解和记忆。

2. 趣味性

学生对英语学习有了兴趣，就会主动去求知、去探索、去实践，并且在求知、探索、实践中产生愉快的情绪和体验，之后会以更大的热情投入学习中去。所以，在词汇教学中要以多种教学方式激发学生学习的兴趣，让他们乐于学习。在教学中，教师可以借助游戏、歌曲、故事、表演等生动活泼的方法，让学生在各种活动中兴趣盎然地进行英语词汇学习。

第五章　小学英语语音、词汇与语法教学

3.情景性

英语是人们用来交流思想感情的一种工具。教师要根据小学生活泼好动、模仿力强、记忆力好、听觉灵敏等特点,结合教材的内容,创设英语教学与现实生活结合的情景。将词汇教学置于情景中,帮助学生理解词义,并且真切地感受英语在生活中的运用,从而使学生加深印象,提高词汇教学的效果。

4.对比性

研究表明,两种性质不同的语言材料同时出现时会促进大脑皮层的相互诱导,强化记忆痕迹,活跃思维活动。教师根据大脑神经系统的这一规律,可以把小学英语词汇中可以成对的概念归纳出来,帮助学生识记单词。

(1)同(近)义词对比。例如:

enjoy—like

small—little

这是词汇教学中常用的一种方法,可以使学生"温故而知新"。

(2)反义词对比。例如:

long—short

thin—fat

教师可以借助恰当的教学手段,帮助学生准确地运用这些反义词。

(3)同音异形词对比。例如:

see—sea

no—know

教师可以引导学生分析这些单词在书写上和意义上的不同,进而利用这些单词造句,加深学生对单词的印象并提高其运用单词的能力。

5.反复性

根据德国心理学家赫尔曼·艾宾浩斯(Hermann Ebbinghaus)的遗忘曲线规律:记忆的遗忘速度是由快到慢的,即在记忆的最初阶段遗忘得最快,而后逐渐变慢。小学英语每周只有三课时,因此词汇教学应遵循反复性原则。课堂上教师要让学过的单词有计划、系统地复现在教学活动中。课后,教师应督促学生及时加以复习、巩固,否则学生在上新课时对上节课中所学的知识会遗忘很多。教师可以通过多种方式进行单词的巩固和运用,如单词游戏和竞赛;要求学生在课外制作包含图画和单词的卡片、连环画册;在英文报纸、杂志中查找与教学内容有关的信息;学唱英文歌曲等。对于这些活动,教师要安排时间让学生进行成果展示,这样既能帮助学生巩固已认读的知识,了解词汇的不同搭配和用法。同时也看到自己课外的"劳动成果"能被承认,学生会产生积极的思想情绪,学习英语的热情会更加高涨。

(二)小学英语词汇教学的方法

我国英语词汇教学主要存在的问题是:偏重语言知识的学习,忽视词汇在语境中的灵活运用。学生觉得词汇学习枯燥乏味,因而学习缺乏主动性。教师要根据《标准》的要求,真正把学生当作学习和发展的主体,在教学中倡导自主、合作、探究的学习方式;改变传统的讲授词汇的方法,采取各种教学手段激发学生的学习动机,培养学生的学习策略;围绕词汇教学中的感知和模仿—操练和掌握—记忆和运用这三个基本步骤来开展各种活动,让学生把学到的词汇及时转化为语言技能,达到活学活用英语的初步交际能力。

1. 实物教学法

用实物教单词,借助直观的教学手段能动员各种感觉器官来感知和认识客观现象,让学生把英语单词与实物联系起来,能较容易地掌握单词。教师除了可以自己准备实物教具外,还可以请学生准备实物以备练习时使用。此方法适合名词的教学。教师手持教学名词实物,如学习用品、水果、衣物、食物等,让学生看物

第五章　小学英语语音、词汇与语法教学

听音,并且进行发音模仿,教师同时在黑板上写出该单词。这样可以直观、生动地一次性完成单词的音、形、义的教学。接着按照词不离句、句不离文的方法套入一些句型,引导学生利用实物进行操练,强化学生对单词音、形、义的统一意识。教师可以广泛利用教室里的实物资源,如门、窗、墙、黑板等进行单词的教学。物品给了学生最直观的视觉信息,有助于他们的理解识记。

下面来看一则运用实物教学法的词汇教学案例。

教学目的:教授 5 个表示水果名称的词汇:apple,orange,pear,banana,peach 及水果的总称 fruit。

教学准备:准备苹果、橘子、梨、香蕉、桃子五种水果,一个盒子。

教学步骤:

(1)教师指盒子。

T:What's this?

Ss:It's a box.

T:What's in the box? Can you guess?

T:Look,I have an apple.(从盒子里拿出苹果,重复三遍,重读 apple)

T:Read after me. "Apple".(说两遍,将 apple 的单词卡片贴于黑板上)

Ss:Apple,apple.

T:What's this in English?(举起苹果)

Ss:It's an apple.

(2)教师继续提问。

T:What else in the box?

T:Look,I have an orange.(从盒子里拿出橘子,重复三遍,重读 orange)

T:Read after me. "Orange".(说两遍,将 orange 的单词卡片贴于黑板上)

Ss:Orange,orange.

129

T:What's this in English?（举起橘子）

Ss:It's an orange.

(3)用同样的方法完成其他词汇的呈现。

(4)呈现 fruit。

T:Look,we have an apple,an orange,a pear,a banana and a peach. What are these? They are fruits.

T:Read after me."Fruit".（说两遍，将 fruit 的单词卡片贴于黑板上）

(5)教师举起一种水果，并且使用不同的语调用英语带读数词。

T:Peach,peach.（升降调）

Ss:Peach,peach.（升降调）

T:Peach,peach.（轻重音）

Ss:Peach,peach.（轻重音）

(6)用同样方式完成其他词汇的练习。

(7)教师任意指黑板上的单词卡片，向单个学生提问，并且纠正学生错误的发音。

(8)请一名学生到讲台扮演小老师。

S:What's this?

Ss:It's a banana.

(9)其他活动操练。

2.图画教学法

对于不便于通过实物来进行教学的词汇，如家庭成员、季节、交通工具、动物等，可以用图片、简笔画或多媒体进行展示。教师借助这些教学手段，也可有效地将单词的音、形、义同时呈现给学生，也能够让学生具体感知和记忆单词。

课文插图、教师自制的挂图、剪贴画及简笔画等都可以用来再现物体，创设情景。小学生喜欢色彩丰富的图画，教师要依据他们这一特点根据教学内容设计图画来吸引学生的注意力。寥

第五章 小学英语语音、词汇与语法教学

寥几笔简笔画可以表达丰富的语言信息和概念,可以激发学生的兴趣,活跃课堂气氛,提高学生的形象思维能力。

下面来看一则运用图画教学法的词汇教学案例。

教学目的:

教授单词 kite。

教学准备:

飞机图片。

教学过程:

(1)教师在黑板上用简笔画画出飞机,复习旧单词 plane。

T:What's this?

Ss:It's a plane.

T:Is it "plane"?

Ss:Yes,it is.

(2)教师用图片呈现风筝。

T:Is it a plane?

Ss:No,it isn't.

T:Right,it is not a plane. It looks like a bird. It's a paper toy for flying.(教师做飞行状)It can fly in the sky. What is it in English? It's a kite.(重读 kite)

(3)操练(拼读,跟读,领读,重复回答,齐读,小组读)。

(4)自由操练(用学过的句型进行对话练习)。例如:

What's this?

What color is it?

Do you have a kite?

(5)学生上台展示自编对话。

3. 歌曲与歌谣教学法

歌曲与歌谣教学在小学英语教学中占有相当重要的地位。根据《标准》要求,一级(小学三、四年级)要求为:学生能唱简单的英文歌曲 15～20 首,说歌谣 15～20 篇;二级(小学五、六年级)要

求为:学生能表演歌谣或简单的诗歌30~40首(含一级要求),能演唱英文歌曲30~40首。小学生喜欢听的英文歌曲一般简单、活泼,学生可以在富有节奏感的音乐中通过唱唱、做做有效地学习和巩固所学词汇。童谣则更是节奏明快,朗朗上口,教师在词汇教学中合理地利用童谣,可以帮助学生化繁为简,化难为易,不断复现的单词可以使学生的瞬时记忆转化为长时记忆。例如,一位教师在教表示颜色的单词时,单词的呈现和操练步骤结束之后,用一首有趣的童谣帮助学生记忆单词:"小黑熊,真顽皮,手里拿着大画笔,画片天空是蓝色,blue,blue 是蓝色;画朵白云是白色,white,white 是白色;画片草地绿油油,green,green 是绿色;画串香蕉是黄色,yellow,yellow 是黄色;画个茄子是紫色,purple,purple 是紫色;最后拿起黑色笔,black,black 是黑色;对着镜子画自己,黑不溜秋不美丽,哭着闹着找 mummy。"学生通过这首富有情趣、朗朗上口的歌谣,可以很快地记住新学的单词。

下面来看一则运用歌曲与歌谣的词汇教学案例。

教学目的:

掌握6个表示身体部位的词汇:eye,ear,mouth,nose,hand,leg。

教学准备:

多媒体,身体部位单词卡片。

教学过程:

(1)通过播放多媒体让学生边听边看画面,熟悉音乐的旋律和节奏,对歌曲的大意有初步的认识。

(2)呈现新词汇。

T:This is my eye,eye,eye.(一边说一边用手指着自己的眼睛)

T:Touch your eyes,and read after me. Eye,eye.(用升降调领读,同时在黑板上写出单词 eye)

Ss:Eye,eye.(升降调跟读,并用手指着自己的眼睛)

第五章　小学英语语音、词汇与语法教学

（3）用步骤（2）的方法逐一呈现其他词汇，并一一写在黑板上。

（4）学习新词汇。

教师通过不同方式的领读等活动，使学生掌握新词汇的发音和拼写，并且教授单词的复数形式。

（5）操练。教师可以开展各种活动来操练新学词汇，如竞猜游戏、比比谁的反应快等。

（6）多媒体呈现歌词。

Why can we see with our eyes?

Why can we hear with our ears?

Why can we speak with our mouth?

Why can we smell with our nose?

Why can we write with our hands?

Why can walk with our legs?

Why? Why? Why?

Will you tell me why?

教师略讲歌词大意，领着学生正确读出歌词。

（7）让学生模仿磁带跟唱，直到学会为止。

（8）引导学生边唱边加上动作，然后进行合唱、分组唱、对唱等活动，要求学生边唱边做动作。学生在边唱边做的过程中也训练了单词的发音，掌握了单词的意义。

（9）对学生的良好表现适时给予鼓励，增强他们的信心。

4. TPR 教学法

TPR（Total Physical Response）教学法即"全身反应法"，是由美国加利福尼亚圣约瑟州立大学心理学教授詹姆斯·阿谢尔（James Asher）创立的。它是一种把言语与行为联系在一起的，通过身体动作教授外语的教学方法。其教学目标是：训练初级程度的外语口语能力，注重听力理解并将其作为培养基本口语技能的一种手段。全身反应法的优势是强调身体的互动性、教

学的生动性,以便让学生更直观地学习英语,同时可以更好地激发学生对英语学习的浓厚兴趣。教师将教学内容设计成一系列指令性的语言项目,然后请学生对这些语言项目用身体做出反应。

教师要根据小学生好动、注意力难以持久的特征,在课堂上调动学生的多种感官,让学生通过跑、跳、做游戏学英语。这样在气氛活跃的课堂,孩子的学习情绪会更主动,能较长时间保持注意力。在学习过程中,教师用目标语发出指令,先自己做,等学生能理解后,让学生完成动作,然后边说边做。这样有助于帮助学生强化理解,也突出了学生的主体作用。让学生不是通过死记硬背、简单重复、烦琐训练进行英语学习,而是使学生在充满乐趣的氛围中进行创造性思维、创造性交际和创造性学习,从而取得理想的学习效果。

使用TPR教学法,有很多优势,但也有一定局限性。首先,它涉及的活动和言语都比较简单而基础,适用层面较为浅显。因此,TPR教学法只适合于语言教学的初级阶段。另外,它是不易把握性,因为TPR教学法包含了游戏、表演、竞赛、舞蹈等大量活跃元素,教学方法灵活且丰富,这需要教师具备较好的课堂管理方法,能将小学生有秩序地组织起来,使英语课堂取得预期的教学目标。所以,TPR教学法需要教师具备一定的教学能力和教学经验。

5.游戏、竞赛法

游戏永远是小学生最感兴趣的活动。在词汇学习的感知、理解、巩固和练习阶段,课堂游戏都是非常有效的教学手段。学习外语是为了交际,教学游戏就是一种交际活动。教师应充分利用学生活泼、好强、好表现这些特点,努力在英语课堂上为学生创造说和做的机会,以游戏竞赛等途径,使学生积极主动地参与到课堂教学中,变枯燥的词汇学习为有趣的词汇学习。下面介绍几种词汇教学游戏。

第五章　小学英语语音、词汇与语法教学

(1) 单词接力赛

游戏功能:复习学过的单词。

游戏方法:将学生分成 A、B 两组,每组人数相等,每组派第一个学生在黑板上写出一个单词,第二个学生以第一个单词末尾的字母开头,在黑板上写出第二个单词,并且不能写重复的单词。哪一组在规定的时间内写的单词多,拼写错误少,字迹又工整的则为优胜者。例如,monkey—yellow—what—tail—long—glasses—spin—nest—they—yes—small。

(2) 职业演员

游戏功能:练习"He/She is a…"句型及 doctor,driver,policeman,nurse,farmer,teacher 等表示职业的名词。

游戏方法:学生在座位坐成一圈。先由教师上前作示范,做一个动作表示某种职业,然后让学生举手猜他表演的是什么。猜中的学生代替教师的位置上前表演,其余学生猜,每次都由先猜对的学生上前表演。下面猜的学生用"He/She is…"来表达。

(3) 比比谁的反应快

游戏功能:练习用英语数数,复习学过的人体器官的英语单词,锻炼学生的注意力和快速反应力。

游戏方法:首先告诉学生,教师说 one 时,学生用手指着头发并讲出 hair。教师说 two 时,学生指着脸并说出 face。依此类推。

three—耳—ear

four—眼睛—eye

five—鼻子—nose

six—嘴—mouth

seven—肩膀—shoulder

eight—腿—leg

nine—手—hand

ten—脚—foot

经过反复练习并且熟练以后,可以让一名学生来数数,其

余学生找相应的器官,说出英语单词,并且可以抢答。要求学生手口一致,教师数数时应由慢至快,并且注意学生讲的是否正确。

(4)找胳膊

游戏功能:区分 he,she;熟悉身体各部位的表达方法。

游戏道具:男孩和女孩的大图片各一张,缩小复印或描画一份作为参考图。把大图中身体各个部位剪下,放在一起;准备好胶水或两面胶纸。

游戏方法:将缺少身体部位的男孩和女孩的大图贴在黑板上,在他们旁边分别贴上较小的参考图。请学生上来把男孩和女孩身体各部位贴回去。每次点一二名学生,用英语"Find her/his eyes"提示他们从剪下的纸片中找出正确的部位,并且贴到图上,一边贴一边说:"These are/This is his/her."可以将学生分为两组进行。给他们记分,看哪组贴得又快又准。

(5)食物 BINGO

游戏功能:复习食物类的英文单词。

游戏准备:让学生每人在纸上画一个 3×3 的格子,并且在自己的九个小方格分别画出 rice,noodles,meat,orange,apple,pear,mango,banana,chocolate 九种食物。

游戏方法:教师随口说出一种食物的单词,学生在相应的格子里画勾。谁的勾在横、竖、斜三个方向连成三格一线就大声喊"BINGO!"最先喊的三位学生可以得到贴纸作为奖励,游戏可以重复进行若干次。BINGO 游戏可以用来复习各类学过的字母、数字及单词。

6.动作、表情示范

此方法适合教授动词和简单的形容词。例如,教授 fun,walk,read,write 等动词时,教师可以一边做动作一边说 I'm running,run;I'm reading,read 等,这样不需要借助汉语翻译,学生就能理解单词的意义。又如,在教 happy,sad 时,教师可以利用简笔画在黑板上分别画出一张笑脸、一张不高兴的脸,还可以自己做出高兴和悲伤的表情,也可以请学生帮助做此表情,让其他同学猜表达的是什么意思,这样学生可以在轻松的气氛中学习单词。

第三节　小学英语语法教学

一、语法教学的必要性

课程改革的一个重点是改变英语课程过分重视语法和词汇知识的讲解与传授,加强对学生实际语言运用能力的培养,强调课程从学生的学习兴趣、生活经验和认知水平出发,倡导体验、实践、参与、合作与交流的学习方式和任务型教学途径。因此,一些教师认为,在小学阶段,学生只要能通过听、说、唱、读、做,学会简单的英语对话或用英语进行简单描述日常生活就达到了教学要求,语法教学可有可无。那么,在具体的小学英语教学中这种观点可行吗?

众所周知,语法是语言发生作用的框架,没有语法,人们交流思想就没有可以依据的公认形式,进而无法构成语言。因此,英语交际是离不开语法的。如果学生没有进行语法知识的学习,他们在运用英语的时候就会频繁出错,语言表达会支离破碎,甚至无法正确表达自己的思想,导致表达欲望大打折扣,最终不敢开口说英语。这势必会影响学生的语言交际能力的培养。

只有学习和掌握系统的英语语法知识,把握英语的基本结构,才能提高运用英语进行交际的准确性,使学生敢于开口,乐于开口。可见,语法能力是交际能力的组成部分,是语言实践能力的前提。在小学阶段,语法教学是英语教学中不可缺少的内容。

值得注意的是,语法教学从属于运用英语能力的培养。教给学生语法,不是要他们掌握一系列的语法术语、语法概念,以培养他们用语法分析英语语言的能力为目的,而是为培养学生英语运用能力服务的。小学英语教学中语法不是主要教学内容,教师应该正确把握语法的重要程度,将语法教学放在以实现真实的交际意图为中心的交际活动中去进行。

教师要引导学生通过观察大量形象生动、直观有趣、富有交际性的语言活动后,再对语法项目的关键之处略作点拨,让学生分析已获得的感性认识,归纳、概括其特点,有效地帮助其完成交际任务。小学英语语法教学要做到"淡化而不忽略,重视而不过分",使小学生在初学阶段明确、系统地认识英语语言规则,建立规范的语言意识。

二、小学英语语法教学的内容

小学英语语法教学的内容如表 5-1 所示。

表 5-1 小学英语语法教学的内容

语法项目	语法内容
名词	可数名词、不可数名词、名词的单复数、名词所有格
动词	动词原形、动词第三人称单数、动词现在分词、动词过去式
形容词	形容词的比较级、最高级的构成及用法
副词	副词的比较级、最高级的构成及用法
数词	基数词和序数词
代词	人称代词(主格、宾格) 物主代词(形容词性、名词性) 指示代词 this,that,these,those 不定代词 some,any,many 疑问代词 what,who,whose,which
介词	表方位、表时间介词
冠词	不定冠词、定冠词
连词	并列连词、转折连词

第五章 小学英语语音、词汇与语法教学

续表

语法项目	语法内容
句子种类	陈述句(肯、否定);疑问句(一般、特殊、选择);祈使句(肯、否定);感叹句(分别由 what,how 引导)
时态	一般现在时、现在进行时、一般过去时、一般将来时
There be 结构	There be 结构的肯定句、否定句、一般疑问句及特殊疑问句

(资料来源:詹丽芹、曹少卿,2012)

三、小学英语语法教学的原则与方法

(一)小学英语语法教学的原则

1. 情景性原则

专家指出,在学习语言时,孩子的注意力通常首先放在语言的意义上,他们很少注意到语言的形式或语言规则。孩子在特定的情景中获悉语言的意义的能力是很强的,所以教师在授课时不要一开始就给学生谈论很多的语法规则,而要充分利用孩子的天性来帮助他们学习语言,真正做到"以人为本"。教师可以先让学生在一个有意义的情景中理解所教语法项目的意义;然后提供足够多的机会让他们在较真实的语境中进行交际活动,运用所学到的语法知识;最后,在学生理解并会运用的基础上,教师把孩子的注意力吸引到语法规则上来,进一步巩固所学知识。

2. 交际性原则

小学英语语法教学的目的在于培养学生的语法意识,为听、说、读、写技能及交际能力的培养打下良好的语言基础。因此,语法教学不应该在孤立的句子中进行,而应该在交际活动中将零碎的语法点和真实有效的语境结合起来,体现交际性原则。教师应尽可能创设交际性语言环境,运用幻灯、动画、实物、图片、简笔画、表演等多种教学手段,组织真实、半真实的交际活动,让学生把语法点

和交际性语境结合起来,使学生在听说实践中感知、理解语言知识,掌握语言规律,发展语言技能,培养初步的语言交际能力。

3.综合性原则

综合性原则是指语法教学要采取恰当的教学方式,具体体现在以下几个方面。

(1)归纳教学和演绎教学相结合

这两种教学方式各有所长,教师在语法教学中要根据具体的内容,将二者有机结合,以归纳为主,演绎为辅。

(2)隐性教学与显性教学相结合

隐性语法教学在教学中避免直接谈论所学的语法规则,主要通过情景让学生体验语言,通过对语言的交际性运用归纳出语法规则。显性语法教学侧重在教学中直接谈论语法规则,语法教学目的直接、明显。根据小学生的生理、心理特点,教师应尽可能避免机械、反复的语法识记和操练,应注重让学生在一个有意义的情景中感知、理解所教语法项目;然后为学生创设生动有趣的情景,让学生在交际活动中模仿、操练、巩固语法知识;最后,在学生理解并会运用的基础上,教师帮助学生总结归纳语法规则。语法教学应以隐性教学为主,适当采用显性教学,这样能激发学生学习语法的兴趣,帮助学生增强语法意识,培养语言使用能力。

(3)寓语法教学于听、说、读、写教学之中

学生的听、说、读、写四大基本技能的培养离不开语法,语法是为这些技能服务的。所以教师要把语法教学贯穿在听、说、读、写教学之中,使语法真正服务于交际。

4.实践性原则

传统语法教学只重视知识的传授,不重视技能的培养,忽视语法的交际功能。《标准》注重对学生能力的培养。教师要明确英语语法教学只是培养语言实践能力的桥梁,其目的是更好地培养学生听、说、读、写语言实践能力,进而达到用英语进行交际的

第五章　小学英语语音、词汇与语法教学

目的。因此,语法教学必须遵循实践性原则。

行为主义学习理论认为,外语学习基本上是一个形成习惯的过程。其他流派也从不同角度提出了练习在培养言语能力中的作用。小学英语语法主要出现在单词、句型、短小文章中,教师在语法教学中必须以多种方式对语言知识进行实践练习,根据具体情况适当点拨,让学生在精读多练的基础上,熟练掌握语法知识,形成语感,从而建立一套新的语言习惯。

5.阶段性原则

小学英语教学不应以单纯的语言知识的传授为重点,而应着重于对学生听、说、读、写语言基本技能的培养。小学阶段的英语实际就是对英语知识的感性积累阶段。学生学习语法有助于基本技能的培养。语法教学的过程是一个由简到繁、循序渐进的过程。小学阶段的语法教学处于这个过程的最初阶段,很多语法知识的出现只是让学生获得一定的感性认识,教师帮助学生在感性认识的基础上上升到理性认识,最后让学生在理性认识的基础指导下进行语言实践。教师在此阶段如果因强调语法的系统性和完整性而给学生讲过于复杂的语法知识,可能会打消学生学习英语的积极性,起到相反的作用。

(二)小学英语语法教学的方法

在传统的语法教学中,教师很少创设情景,而是一味地讲解语法概念,侧重机械的语法知识训练,导致多数学生只会做语法题,而在真实的语境中却不能正确地使用英语进行交际。小学英语语法主要出现在一些句型和套话中,学生是在语境中使用语法的。

因此,教师应设计多种含有语法知识的交际活动,让学生在真实、半真实的语言环境中通过交际性练习掌握语法规则。教师可以结合小学生的特点,广泛利用实物、简笔画、童谣、歌曲等。在语法教学中使用多种形式的教学方法,如演绎法、归纳法、对比法、图画法、游戏法等,使学生轻松学得语法知识。

第六章　小学英语听、说、读、写技能教学

听、说、读、写是人们运用语言进行交际活动必不可少的基本言语技能。小学英语教学从入门阶段就应以听说为先导，全面发展学生的听、说、读、写技能，这符合小学英语教学的目的和任务，也符合语言学习的规律。听、说、读、写技能的训练既是英语教学的目的，也是教学赖以实施的手段。在英语教学中，听、说、读、写四个方面的训练相辅相成、互相促进，但并不意味着每节课都要在这四个方面平均用力。小学生活泼好动，模仿力强。根据这一阶段的年龄特点，起始阶段的教学要从听说入手，培养学生的听说能力，这有助于学习书面语，可以带动学生学习的积极性，培养学习英语的兴趣。过了起始阶段以后，在继续发展听说能力的同时，要重视培养读写能力，使听、说、读、写四项技能全面发展。听、说、读、写交替训练，在不同阶段应有所侧重，使学生在用耳、动口、用眼、动手的趣味活动中形成对英语的感性认识，养成良好的学习习惯，获得听、说、读、写的基本技能，为初中进一步学习英语奠定良好的基础。

第一节　听的教学

一、小学英语听力教学中存在的问题

很多小学英语教师花大量的时间和精力进行听力理解练习，但效果并不理想，其中的主要原因之一是在听的教学策略上存在

第六章　小学英语听、说、读、写技能教学

一些误区。

（一）听力材料不当，内容过难或过多

在听训练的选材上，由于教学资源的匮乏，部分教师对于听力训练的内容难以找到恰当的材料，只要是与所学知识相关的内容就拿来训练学生的听力，没有顾及学生现有的知识水平，或为了快速提高学生的听力水平，扩大学生的知识面，特意找些难度较大的听力材料训练学生的听力，从而造成听力材料过难、过多的现象，以及学生害怕英语听力训练的不良后果。[1]

（二）听力训练时连词逐句、词词句句过关

由于有些学生掌握的词汇和句式有限，没有形成一定的英语语感，所以当听一段英语对话或叙述时，即使熟悉的单词也不一定能全听懂。因此在进行听力训练时，教师总担心学生听不懂。训练学生听一个个简单的句子，在学生听了一遍磁带之后，教师又一个词一个词地慢速重复，然后再播放一次磁带，以便学生对每个单词都清楚，以为这样才能使他们了解句子的意思。训练学生听小短文时也这样句句过关，结果学生养成了不良的听力习惯，以后每次听力也会词词句句过关，哪怕有个不重要的单词没听清楚也会认为自己不了解所听的内容。由此及彼，阅读时学生也会采用这种不良的方法进行阅读。

（三）听说分开

部分教师只是为教听力而训练听力，在听力训练过程中让学生只听不说、手做口不开，只是机械地根据所听的内容做选择或填空问答题，有时由于枯燥单调而容易在听力的过程中走神，以至于降低听力质量。而听的最终目的是说，只听不说最后使学生

---

[1] 刘婵.浅谈小学英语听力教学的现状及教学策略[J].中国校外教育,2019,(7):96-97.

学的是"哑巴英语"。

(四)听力训练一定要用录音机或多媒体进行

上课时,学生只要一看到老师放录音或者叫他们看多媒体播放的片子,就知道要进行听力训练。有些学生本来对听力就不感兴趣,看到录音机就想睡觉,或者由于画面太精彩,令学生只顾着看画面而忘记听里面的内容,从而达不到训练的目的。

(五)听力训练时只是反复地听、机械地做

在做听力训练时,教师只是让学生机械地进行听力练习和做题,遇到学生听不懂的情况时,总是让学生反复地多听。其实,反复听并不能解决理解困难的问题。研究表明,如果某个语言材料听两三遍还听不懂,就说明该材料超过了学生的能力限度,或者语言材料中包含的知识大多数是学生还不了解的知识。在这种情况下,即使再听无数遍也不一定有任何进展。也就是说,假如造成理解困难的是某个生单词,那么无论学生听多少遍,如果没有教师的指导,都不可能"听"出这个词的意思。

(六)先读后听或听读同时进行

有的教师在进行听力训练时担心学生听不懂,就在听录音之前让学生读一遍录音原文,或者听一遍之后如果没有听懂,就让学生阅读录音原文,甚至一边听一边读(看)原文。其实,一般情况下听者不应阅读录音原文,因为这样会大大降低听力材料的难度,降低听力训练的效果,达不到听力训练的目的。如果确实需要,也应在学生听2~3遍录音之后再读录音原文,以使他们明白自己哪里没听清楚,下次听的时候要注意。另外,现在很多教材都提供课文的录音,有些教师让学生听课文录音时看着课文听。其实,这种做法不利于听力技能的提高,因为学习者的大部分注意力集中在(看)课文上,而不是听录音上。而一边听一边读的目的应该是纠音。

第六章 小学英语听、说、读、写技能教学

（七）没有注意培养学生的听力技巧或好的听力习惯

有些教师在让学生练习听力时只给他们听那些能听得懂的材料，遇到听不大懂的内容就放弃，或马上告诉学生答案；有些教师在进行听力训练时让学生边听边看，导致学生碰到听不懂的材料时会急着找听力原文来阅读或者马上对答案，没有注意培养学生听的习惯。在对话过程中，有的学生只注意自己怎么说，而不注意听别人的讲话，别人讲话时他们仍然在思考下一步自己说什么，而不是集中精力去听，学生这样做实际上错过了练习听的机会。

二、小学英语听力教学问题的解决方法

（一）持积极向上的教学态度

教师应持积极向上、有信心的教学态度，想方设法提高学生的听力水平。一个没有信心的教师会认为："我的学生听力很差，如果我上课多说英语他们就会听不懂，所以我要多说中文以便他们能听懂我的意思。"可这样做的后果是——学生在课上很少听到英文，导致他们的英语听力越来越差。一个有信心的教师则这样想："我的学生听力很差，因此我觉得他们需要更多的听力练习，我在课堂上应该多说简单的英语，那样他们在课堂上就能听更多英语，这样他们的英语听力水平就能得到提高。"

后者的教学效果明显可知。在听力训练和要求上由易到难，循序渐进帮助学生树立自信。在学习的起始阶段可进行识别单词、词组和句子的听力训练，或用慢速英语听情节相似、语句大量重复的故事，并根据学生的需要作适当的重复。然后，逐步让学生听正常语速的各种对话与叙述，并将所听材料编成连线、判断、选择、排序、回答问题等多种形式的练习。这样层层递进，使学生听力水平呈螺旋式上升。

（二）所选听力材料恰当

所选听力材料恰当,符合"二语习得"规律。听力语料(内容、长度、难度)要以学生能听懂基本内容为前提,教师既要考虑学生现有的语言能力,又要考虑语料本身是否与教学对象的心理和生理发展水平相适应,这样才有利于学生语言能力的进一步发展。语料的选编要立足于教材内容,根据教学目标和重点对原文内容进行替换和改写,语料分为精听与泛听,或对课外语言材料进行必要的扩、缩、增、删,对语言表达进行科学的分解或合成处理,使之接近学生的认知水平。

（三）采用任务型听力训练

采用任务型听力训练,有的放矢。任务型语言教学就是指基于任务的一种教学途径,学生在教师的指导下开展各种各样的语言运用活动。在任务型听力训练中,学生一般都需要完成一个具体的任务。根据所设计的任务给学生播放听力材料,让学生带着目的去听并完成英语课堂任务,对于提高学生的听力水平可谓一个行之有效的方法。

（1）在学生听材料之前,给他们布置相关的听力任务。这些任务可能是关于短文主题的或者辨别对错的,学生带着听力任务去听,思想不容易开小差,而且懂得听力的重点。例如,给学生听下列短文：

A bus came at the first stop and 14 people got on. At the nest stop, 8 got off and 14 got on. At the next stop nobody was waiting, but 3 people got off. 6 people got off and 2 got on at the next stop. At the final stop everyone got off.

如果没有相关的问题,学生听的时候会觉得不知所以,在听之前首先给学生提出问题：

How many bus stops were there?

那么学生即使只听一遍他们也懂得根据问题确定要侧重听

的内容。

（2）给出听力内容的关键词，有助于学生的听力理解。给学生听配图小故事或短文时，如果听力材料中出现学生没学过的单词，先教学生一些重要的关键词（新单词），以便减少听力障碍，帮助他们完成听力任务，同时相关的背景介绍也能很好地引入或解释新单词。

（3）适当降低听力难度。听力内容过长时，学生会觉得很难听懂，难以完成听力任务。教师可以根据内容将其分为几个部分，中间设一定的停顿，以便学生有时间思考并且检查答案，同时将问题简单化，或把一个问题分成几个小问题。降低了难度，学生较容易完成听力任务。同一个内容，采取的方法不同，也会带来不同的教学效果。

（四）设计多类型的听力活动

设计多类型的听力活动，使学生动起来。非智力因素的利用能激发学生的学习兴趣，从而达到教学目的。例如，可根据教学内容设计训练听力的游戏："听与做"，即按照指令做动作；"听与画"，让学生把听到的画出来，如画图、画表情等；"听与说"，将听到的内容重复出来，如重复单词、句子，复述故事等；"听与写"，可以听写单词、句子，或者找差异等；唱英文歌曲，也可以创造情景让学生进行对话练习，如"询问信息"等。

（五）视听说结合

语言教学中的听，实质上是理解和吸收口头信息的交际能力。语言的学习过程是一个有序的过程，表现为信息的输入和输出，即必须以一定量的信息输入为前提。一般说来，学生的理解能力往往高于他们的表达能力。听的过程中可以让学生大声跟着说、读，形成辨音能力。听的过程和说的过程往往交织在一起，形成一种轻松、活跃的氛围。小学生喜欢看童话、动画、科幻等电视电影，因为这种活动本身吸引他们。在教学中，教师可利用和课堂教学内容关系密切、水平相当的多媒体创设情境,激发学生的兴趣,让学生观察、模仿、扮演,视听说结合。例如,教"自我介绍"的表达形式,可以播放《音乐之声》中七个孩子出场时两次自我介绍的那一部分电影片段,通过让学生观看,模仿影片中自我介绍的语言、动作和表情,并补充相应内容,训练学生的听说能力。

(六)培养学生良好的听力技巧和听力习惯

培养学生良好的听力技巧和听力习惯。英语课程的任务是:激发和培养学生英语学习的兴趣,使学生树立自信心,养成良好的学习习惯并掌握有效的学习策略。因此,教师应培养学生良好的学习习惯,学生的性格、动机、态度决定了他们的学习风格、学习策略、学习结果,而不是教学制度、教学评估方式。

1.培养学生良好的听力技巧

在日常对话中,培养学生听的意识。例如,在两个学生对话结束之后,问别的学生相应的问题,使学生听英语时都有意识地去听。遇到学生听不懂的情况,从其他角度寻求解决方法,不要马上告诉学生答案,更不要让学生读原文。听力材料过长时,可以根据问题在适当的地方停顿,提醒学生怎样根据关键词来听,从而完成听力任务。

培养学生猜词技巧。听力材料属于有声信息,让学生根据语气、语调、停顿来判断说话者想表达的意思。另外,说话者的语气、语调的变化还可以帮助学生把握说话内容的重点。

适应各种听力题型。现在很多听力材料都采用选择题的形式,这种活动侧重检测听的结果,而非听的过程,因此并不是练习学生听力的有效方法。教师应该让学生尝试其他强调听的过程的练习活动,如一边听一边填空、做笔记或根据听的内容进行连线、判断、选择、排序、回答问题等。另外,知识的积累有利于学生的理解,如果所听材料为学生接触过的知识,那么他们就能正确理解听力内容。

第六章　小学英语听、说、读、写技能教学

2.培养学生良好的听力习惯

使学生处于英语氛围中，教师上课时尽量使用课堂英语，让学生处于听英语的环境中，同时有意识地引导学生说英语，培养学生良好的听说习惯。学生应有意识地听英语，看英文原声电影、卡通时有意识地听里面人物的对话而非看中文字幕。英文原声影片的对白最能提高学生的听力水平，很多英语自学者也都是通过英文原声影片来提高自己的英文水平。专注于所听到的英语，在师生或生生面对面的谈话中或听别人说英语时要专注地听，并尽可能正确地回答问题。

三、小学英语听的教学活动示例

（一）示例活动一

活动名称：
Passing words, sentences。
教学目的：
巩固或复习所学过的单词或句子。
活动准备：
写有单词或句子的纸条。
教学步骤：
(1)把学生以竖排或横排的形式分成小组。
(2)教师把写有单词或句子的纸条拿着给每组的第一位或最后一位学生看，只许学生看并记住，不许写下来。
(3)教师说开始，学生就开始把单词或句子告诉后一位同学，传的速度最快且正确的小组获胜。
活动建议：
(1)每组最后一位同学听到传话后要马上站起来并大声将句子说出，最快的获胜。
(2)也可要求最后一位同学到黑板将句子写出来，又快又准

的获胜。

(二)示例活动二

活动名称:

Draw the expression(画表情)。

教学目的:

巩固或复习所学的表示感情的单词。

活动准备:

教师在黑板上画出人头若干,并要求学生在练习本上画同样数量的圆形人头(图6-1)。

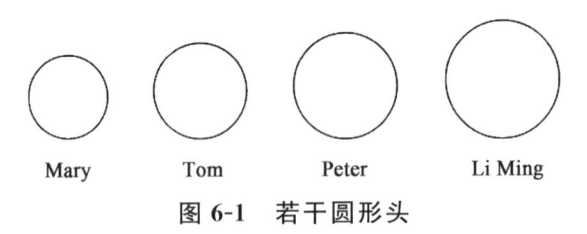

Mary　Tom　Peter　Li Ming

图 6-1　若干圆形头

(资料来源:黎茂昌、潘景丽,2011)

教学步骤:

(1)教师放录音,学生静听。(录音:Mary is angry. Tom is happy. Peter is crying. Li Ming is laughing)

(2)教师读,学生静听。

(3)在学生静听若干次之后,教师要求按录音画不同人的表情。

(4)教师检查,并将黑板上的画按正确的画法给出示范,让学生自己检查听的效果。

活动建议:

(1)让两个学生到黑板前画,看谁画得又准又好。

(2)评出全班冠军。

(3)让学生当小老师,自己设定各个图像的表情,到讲台前要求同学们画。

第二节　说的教学

一、小学英语口语教学中存在的问题

(一)把英语口语交际课变成英语"背书课"

英语口语交际课一般按照"提出话题讨论、准备指名表达"的环节进行。在指名表达环节，被叫学生站在自己的座位上表达。在这种情况下，表达者要么背对着倾听者"交际"，要么对着倾听者的背"交际"，即使学生上台面向大家表达，也仅是"表达"而已，没能在应有的特定情境下进行交际礼仪的展示及运用必要的身体、情态辅助语言(这是口语交际的独特优势)，更没有倾听者的应答训练。这使原本贴近生活、轻松活泼的口语交际课变成了课堂气氛浓重、紧张严肃的"背书课"。

(二)话题教学目标不明确

教师在实际教学操作中局限于学生对语言表层信息的吸收、理解和操练，满足于学生对交际用语的熟练掌握，忽略了培养学生运用所学功能用语谈论某话题的能力，学生的语言能力没有得到发展。

(三)用汉语语境代替英语语境

有的教师在教英语口语时，使用的语音和语调不自然，刻意模仿，不是在真实交际中应使用的语音语调，而是其他形式的语音语调；读数字、单词等如读古文那样故意把语音语调拉长，这就容易使儿童在开始学习英语时就养成不正确的语音语调习惯，没有体现英语口语的真实性，说话时不是在说句子而是在读单词。

(四)缺乏针对性和灵活性

教师在教学对话时,一般都是按照教材内容顺序按部就班地教,如 Good Morning, Hello, How are you 等简单的日常用语。教师在教学时也是叫学生背对话,而没有灵活地根据对象的变化来进行相应的变化,造成学生对于所学内容死记硬背,不能将所学的英语知识进行灵活的运用。这样的教学往往会削弱学生的学习积极性,降低他们的学习兴趣。

(五)把英语口语课变成"写话课"

在英语口语课堂教学中,有的教师用半节课的时间进行英语口语训练,剩下的半节课要求小学生将要表达的内容用笔写下来,以写代说,将英语口语课上成了英语写话课。问及原因,原来"口语交际"一般没有考查,即使有,也不会"口试",而是在英语试卷上提出一个话题,让学生围绕这个话题写一段话,所以教师也就以"写话"来应付这个"笔试"。

二、小学英语口语教学问题的解决方法

(一)日常用语教学

教师从最常用的日常用语开始着手教,让小学生对英语有初步的接触,在进一步认识、熟悉之后再进行口语交际。[①] 这就如把小学生置身于一个陌生的环境,如果有人带他对环境有所了解、熟悉之后再把他单独留下,和一下子就把他单独留下相比,前者更能使他适应。因此,和中文交友相联系,从学生熟悉的生活实

[①] 邝丽愉.小学生英语口语水平教学中三步促成法有效运用[J].科学咨询(科技·管理),2019,(2):147.

第六章　小学英语听、说、读、写技能教学

际出发进行引导能使学生更容易接受。

(二)模拟与角色扮演

模拟与角色扮演。学生根据对话内容,采用小组形式,分角色扮演。表演的内容可以是课本上的情景对话或是由课本上的话题拓展的对话,或是自己设计的同一话题的情景对话;一些有趣的故事也可以由学生改编成人物对话,然后分角色模拟表演。①模拟表演的运用拓宽了课堂教学的视野,使学生将外语学习与社会各方面的交际生活联系起来,弥补了学生不能经常走出课堂到社会上去学习的缺陷。

(三)小组辩论

小组辩论。辩论多指多人活动,学生就某一话题发表自己的不同见解,教师组织学生进行小组辩论。学生4人一组,分别称呼自己喜欢的名字,辩论的内容可以是学生们身边的熟悉话题。学生首先分组讨论,整理自己的观点,然后分组进行辩论。

(四)故事改编

故事改编:以本土的故事情节为基础,鼓励学生从不同的角度去大胆改编故事,拓展学生的发散思维能力。教学中学生的思维活跃,想法独特,畅所欲言,会给出故事的多种结局。教学中教师有意识地提出开放性的问题,启发学生从不同角度、不同途径来思考问题。这种上课方式会使学生感到轻松自如,思维能得到很好的发挥。

---

① 刘霁.小学英语会话教学有效情境创设[J].课程教育研究,2019,(3):100-101.

三、小学英语说的教学活动示例

(一)示例活动一

活动名称：

Greetings。

教学目的：

培养学生的交际意识及礼貌用语。

活动准备：

复习所学的问候用语。

教学步骤：

(1)把学生分成二人、三人或四人小组。

(2)可"把情景设置为早上、中午、晚上或在路上偶遇,然后向对方进行问候;或者假设为初次见面的三人之间的互相介绍,也可以是电话问候等。

(3)评出发音准确、语言得体、表情丰富的问候冠军。

活动建议：

提醒学生问候时应有的表情和所采用的语调。

(二)示例活动二

活动名称：

Shop assistants and customers。

教学目的：

能根据特定的情景使用相关的用语。

活动准备：

待出售的书、文具、玩具等。

教学步骤：

(1)教师把相关用语写于黑板,或全班复习一遍：Can I help you? How much is it? Which one do you like?

(2)把学生分成四个小组,每个小组都有人数相当的顾客与售货员。

(3)教师说开始,第一轮买卖进行。五分钟后顾客与服务员身份互换,进行第二轮买卖。

(4)教师对学生的表达与行为进行总结。

活动建议:

应先确定买卖物品的统一价格。

第三节 读的教学

一、小学英语阅读教学中存在的问题

(一)阅读材料过分依赖教材、内容单一

小学生阅读的材料大部分来源于他们学习的英语课本,而英语课本的编订又不能及时满足当前小学生的兴趣需要,很多阅读材料已经过时,或只从教育者的角度考虑。因此,学生对阅读也是应付式地完成任务。长此以往,学生视野变得狭窄,阅读速度变慢,理解能力变弱。

(二)阅读材料难度不符合小学生水平

小学生的阅读材料要么生词过多,要么语言结构太复杂,学生不能流畅地阅读。小学生的词汇量比较少,对句子结构等英语语法知识还没有太多接触,如果一篇阅读材料的生词过多或句子结构太复杂,将影响学生阅读的兴趣与信心,无法培养交际性阅读能力。

(三)忽视阅读技能技巧的训练

由于"以教师为中心"的传统思想仍然根深蒂固,又受应试教

育、小学生薄弱的自主学习能力、课堂时间的有限等的影响,教师不愿意花太多时间在技能训练上,而是直截了当地让学生进行阅读,然后做阅读练习,最后给出练习的答案。[①] 阅读流于形式,为阅读而阅读,学生根本没时间去分析阅读资料,阅读的过程也显得枯燥无味,学生的交际能力没有很好地得到培养和发展。

(四)忽视对语篇的整体理解

在小学英语课堂中,词句的学习占了很大的比重,各种活动、游戏基本上都是以词句的学习巩固为中心,而对课文的学习则显得蜻蜓点水、浮光掠影,导致学生"只见树木,不见森林"。教师过分注重语言知识的讲解而割裂了语篇,影响学生对完整语篇的感知和理解,使其阅读能力得不到应有的发展。

(五)忽视阅读过程的指导

对学生的阅读方式和过程采取放任态度,在学生阅读后匆匆将检测性的问答和练习抛出,注重阅读结果的反馈,缺少对学生阅读过程的关注,导致学生阅读效率低下,阅读兴趣下降。

二、小学英语阅读教学问题的解决方法

(一)从学生的生活实际入手引入话题

从学生的生活实际入手引入话题。教师首先明确交际的专题和教学目标,将之与学生的生活实际巧妙联结,通过问答、介绍、对话的形式来激活学生原来的经验储备,使之可以积极、主动、活跃地进入学习状态。[②]

[①] 张文清.关于小学英语阅读教学之我见[J].读与写(教育教学刊),2019,(3):162.
[②] 王爱萍.浅谈提高小学英语阅读能力的教学问题[J].学周刊,2019,(13):103.

第六章　小学英语听、说、读、写技能教学

(二)分步进行语言项目训练

分步进行语言项目训练。教师将课文中的重点词汇(达到"四会"要求)、功能句等语言项目分步进行机械操练、意义操练和交际性操练。

1. 借助图片、实物、教具等进行单词认读

通过形式多样的机械操练使学生掌握正确的语音、语调。常用的游戏有摸物说词、看口型或表演猜词、听音传话、图片快速闪动、听指令做动作等,力求多种感官协调互动,使学生学得活泼、扎实、有效,牢固掌握词汇。

2. 将新的语言功能句呈现给学生

这一环节要注意的是:句型的呈现要借助情景的创设来进行,以便让学生明晰语言意义及使用场合;要将活泼有趣的形式与有效的语言实践有机结合;任务的设计要有较强的目标性、序列性和整体性。例如,围绕 Asking the way 这个主题中的句型"Excuse me, can you tell me the way to…?"以及应答句,教师可设置如下场景。

利用课桌和标牌在教室前方模拟设置街道和十字路口,让学生在其中走走说说,以增强对问路短语和句子的感知。在学生熟练掌握的基础上设计以下任务。

听对话录音,在所给的交通线路图片上标出某一特定地点的位置。

根据提供的地点图片回答问题。

看城市交通图听录音,猜猜"他在哪里"。

根据画面情景,用所学的句型编对话。

从听、做、说、猜、编等维度精心设计,由易渐难,形成一个环环相扣、层层递进的有机整体。

(三)从视听入手,整体感知语言材料

从视听入手,整体感知语言材料。以问题推动学习,以任务

贯穿课堂是教师进行阅读教学设计时应牢牢把握的一条准则。

首先,借助课文主题图画、投影或多媒体课件呈现对话内容,使学生对背景有形象、直观的感性认识。①

其次,让学生看图,带着问题听录音,发展听力理解的能力,并对全文大意有整体的把握。

最后,以排序、选择、判断、连线等较为简单的检测方式帮助学生理清文章脉络。

(四)了解语篇内容,加强过程指导

了解语篇内容,加强过程指导。通过多层次、多角度读的操练,如自由读、默读、个别读、齐读、小组读、分角色读、接龙读等以及师生、生生互动问答、对话引导学生多开口、多表达,加强对学生语言文字感受力的培养,同时让学生通过完成填空、填表、画图或回答问题等稍微复杂的任务帮助学生深入理解语篇内容。

教师不仅要关注学生的反馈结果,更要关注学生的阅读过程,如是否有疲劳、倦怠的心理,是否有指读、唱读等不良习惯,学生用什么方式阅读或表达,通过什么途径去获取有价值的信息和资料,怎样与他人合作,协调以及合作的状态和效率如何等。对于这些动态式学习,教师要适时地予以指导,纠偏导正,使学生形成良好的学习态度、学习习惯和学习策略。

(五)以语篇为单位综合训练,强化综合语言能力

以语篇为单位综合训练,强化综合语言能力。

(1)用不同的方式复述课文,包括填空复述,把课文主题图分解成连环画看图复述,根据段落大意复述等。

(2)学生根据各自掌握的情况,自选一个段落或全篇,和同伴合作,把它表演出来。

---

① 黄艾雯.小学英语阅读教学有效性提高策略分析[J].英语广场,2019,(4):161-162.

第六章　小学英语听、说、读、写技能教学

(3)让学生进行接龙传话,把对话变成一篇短文,再写下来。

(4)采用极具韵律感的 rap 或类似 rap 风格的说唱形式也是营造英语语境的一种有效手段。

(六)培养文化意识,拓展阅读空间

培养文化意识,拓展阅读空间。语言具有丰富的文化内涵,英语学习中有许多跨文化交际的因素,这些因素在很大程度上影响学生对英语的学习和使用,因此通过文化背景的渗透来培养文化意识有助于学生真正学好、用好目标语,这也是教师在英语教学中的一个重要任务。现行各版本的小学英语教材有不少涉及生活方式、传统习俗等的文化背景,如主要英语国家的国旗和首都、重要节日、重要标志物等,教师在教学过程中应通过语言介绍或生动的音像、图片资料向学生展示异国文化的风采,并引导学生利用课外时间去搜寻更多的相关信息。

根据课程标准的要求,阅读能力的培养应"源"于课内,"流"向课外,即以课堂教学为轴心展开外延性拓展,将阅读的触角伸向更广阔的空间。学生应通过经常性的阅读积累、巩固、扩大词汇量,提高阅读速度和理解的准确度,逐步形成良好的语感以及阅读习惯。为辅助课堂教学,教师可选择或编写学生感兴趣的、与课文主题相关、与学生知识水平相当的可读性课外阅读材料让学生阅读,体裁可以更为广泛,包括诗歌、童谣、谜语、对话、书信、故事、剧本等,实行教师推荐和学生自选相结合。教师应重点提供一些典型语篇,通过导读让学生掌握一定的方法和技巧,在此基础上鼓励学生定时定量阅读,并使用自己喜爱的方式,如笔记式阅读、讨论式阅读、合作互动式阅读,使阅读更具个性和自主性。教师为了检查和评价学生的阅读质量,可在班级定期开展阅读交流汇报活动,以学生喜闻乐见的朗读、演讲、表演、比赛等形式展示成果,使学生在享受阅读所带来的乐趣的同时进一步增强课外阅读的兴趣。

三、小学英语读的教学活动示例

(一)示例活动一

活动名称：
匹配游戏(Matching)。
教学目的：
训练学生的词汇认读能力。
活动准备：
根据课文或对话内容准备一些图片和词汇短语卡片。
活动步骤：
(1)将学生分成四人或六人组。
(2)将图片和词汇打乱，发给各组。
(3)让学生将相应的图片和词汇边读边匹配。
(4)匹配好的小组派代表站起来朗读匹配好的词，用时最少并正确的小组获胜，如朗读表示动作的词汇 walking, thinking, smiling 等以及展示相应图片，或者朗读表示物品的词汇 note, table, box, door 等以及展示相应图片。

活动建议：
可以利用幻灯或多媒体将图片和词汇混乱地展示。

(二)示例活动二

活动名称：
儿歌诵读比赛。
教学目的：
训练学生正确的朗读能力。
活动准备：
印发儿歌 *Three Little Monkeys*。
Three little monkeys jumping on the bed.
One falls of land bumps his head.

第六章　小学英语听、说、读、写技能教学

Jenny calls the doctor and the doctor said:
No more monkeys jumping on the bed.
Two little monkeys jumping on the bed.
One falls off and bumps his head.

活动步骤：

(1)将儿歌分发给学生。

(2)给学生两分钟准备。

(3)让敢于站起来读儿歌的学生到讲台朗读。

(4)由全班同学一起投票评出朗读明星。（标准：发音准确，朗读流利，仪表大方，能配上相应的动作）

(5)全班一起有节奏、有表情地朗读，并配上相应的动作。

活动建议：

可以分成四个小组，每组阅读一段，或按要求替换单词再读，看哪组完成得最好。

第四节　写的教学

一、小学英语写作教学中存在的问题

(一)书写教学中存在的问题

(1)教师在教学中所使用的四线三格书写格子偏宽或偏窄。有些教师在教字母书写时没有预先准备规范的四线三格书写纸或预先画在黑板上，而是自己随手画在黑板上，使得书写格式偏大或偏小，有时甚至歪歪斜斜。[1]

(2)教师示范板书不够规范，书写时身体又挡住了学生的视线，因而学生不能看清教师的书写顺序和写法。另外，教师自己本身书法不好，书写时不美观，而这些教师平时又不练，对书写也

[1] 李小艳.小学英语写作教学探索[J].中国校外教育,2019,(10):87.

不重视,导致所教的学生书写不规范,也不重视书写。

(3)教师在课堂上讲解如何书写时,虽然书写顺序等方面都正确,但如果讲解时没有突出强调书写的笔画顺序、书写的方法、书写的占格情况等,学生就不能正确模仿。如果教师没有说明英文字母与汉语拼音书写的差别,有些学生不注意观察就会按照汉语拼音的写法去写英文字母,那样也是错误的。

(4)学生练习书写时教师没进行课堂巡视,只辅导个别学生。无论教师讲解得多好、多到位,还是有学生会开小差,不注意听就不懂得怎么写。所以,教师讲解时也要注意哪些学生没有认真听,辅导时就应全方位巡查,有的放矢。

(5)教师在开始教字母书写时没有要求学生使用铅笔,部分学生使用圆珠笔或钢笔书写。学生刚开始练习写字母时如果用圆珠笔或钢笔书写,那么写错的地方就不能修改,有的学生懒于修改,又为了书面的整洁而不进行修改,这样一来就很难写出规范漂亮的英文字母。

(6)没注意培养学生良好的书写习惯。学生书写时各有各的方式,但很多都不符合规范,如坐姿不正确、握笔姿势不恰当、目视距离不对(眼睛到练习本的距离太近或太远)等,有时教师在学生练习书写时对于这些不正确的行为没有给予指正,也没有改正学生的不良习惯。

(二)写作教学中存在的问题

(1)注重听说教学,忽视写作训练。很多教师认为小学阶段只要能听懂、会说就行了,无暇顾及写作这一费时费力的教学内容,因此都重视听、说的训练,对写的内容安排很少,且缺乏相应的指导,甚至对学生是否能写作都持怀疑态度。学生也无法达到二级目标中要求的对图片或实物进行描述,更谈不上在写作上进行拓展和延伸。

(2)以直接模仿来教句子的书写。虽然小学生的直接模仿能力很强,也喜欢直接模仿,但如果只以直接模仿来教句型,会制约学生的阅读理解能力。因此,在注重口语表达能力的同时,也要兼顾到学生的阅读理解能力,也就是要适当采用以思维为线、以情境为主的方法来教句型。每一个有实际意义的词都要让学生明白其意义,然后加以操练,最后让学生在理解的基础上达到融会贯通。

(3)写作训练从写日记开始。有些教师认为写日记是一种很好的写作练习方法,这在某种程度上是正确的,但如果学生刚开始进行写作练习就叫他们写日记,那是超出他们能力范围的。学生刚刚开始学写字母、单词,进行简单的造句,没有受过进一步写短文的训练,会感到无从下手,所写的日记大部分都是抄袭的,这样就会产生"欺骗行为"。作为教师应考虑学生的认知规律以及实际应用能力,按照实际情况布置相应的练习。

(4)写作训练与日常生活相脱节。教师对学生进行写作训练,一般都是按照课本的要求进行,令学生觉得写作单调,无话可写,以至于产生厌烦情绪。其实教师可以灵活操作,一开始可以引导、启发学生先写自己身边熟悉的人和物,有意识地在开始阶段使学生先学习大量的形容词,从形象到抽象。这些在日常生活中用来描述人或物的形容词,在课堂教学或游戏中反复出现,学生用它们随机地去表达意思,可以是个体描述,也可以是小组描述,这样他们才会有话可说,有内容可写。

二、小学英语写作教学问题的解决方法

(一)书写教学问题的解决方法

1. 外观不同,写法不同

有些英语字母与汉语拼音字母在外观上相似,但英语字母与汉语拼音字母在字形上是有差别的,而且在四线三格纸上所处的位置也不同,学生在学习英语书写的初期要仔细比较,避免两者

之间混淆。①

2.格式不同,写法不同

有些英语字母与汉语拼音字母不仅在写法上不同(英语字母 b,f,g,h,q 书写时仅 f 用两笔,其他一笔就能完成,而与之相似的汉语拼音字母却都需要两笔),而且在四线三格纸上所占的位置也不同,英语字母 b,h 上端顶第一线,而汉语拼音字母 b,h 上端近第一线,英语字母 g,q 下端近第四线,而汉语拼音字母 g,q 下端在第三格中间,英语字母 f 占三格,而汉语拼音字母 f 只占两格。

3.外观不同,笔画不同

有些英语大写字母与汉语拼音大写字母在外观及写法上有明显的不同,英语大写字母 G 由一笔完成,I 由三笔完成,R 由两笔完成,而汉语拼音字母 G 的写法是 C—G,I 由一笔写成,R 的写法是 I—P—R。

最后,要懂得汉语拼音字母书写的规范在小学一、二年级已练习很多,学生都有较牢固的基础,但值得注意的是,英语书写的规范同汉语拼音字母的书写一样,在开始阶段就应严格要求学生在四线三格纸上练习,因此书写时要求学生注意如下几点。

(1)作业要留边,左边约两厘米,右边稍微窄点。

(2)按照字母的笔顺和字母在四线三格纸上应占的位置书写。

(3)字母斜度要一致,约为 5 度,大写字母通常占上中两格,字母上下端一般要顶格。

---

① 陈秋逸.小学中年级英语写作教学的实施及策略[J].科学咨询(教育科研),2019,(2):145-146.

(二)写作教学问题的解决方法

1. 根据对话,改成故事

《牛津英语》教材中有许多以对话展开的小故事,教师可以让学生朗读和表演。但仅限于此,学生的思维还是被禁锢在书本上。也许书本上的内容能倒背如流,一遇到实际情况便无所适从,不知如何表达、描述,学的还是"哑巴"英语。因此,为了使学生能够学以致用,教师可以让学生把对话改成故事。[①]

2. 创编对话,完成写作

学生每学完一篇课文,让各小组根据课文内容来创编情景,表演对话,教师给出课本中新授的主要词和句,让学生围绕这些词句在符合生活情景的情况下自由表达,然后在学生充分练说的基础上把练说的话编成对话写下来。学生在充分创编对话之后,作为表达的延伸将之写成叙述文。学生有了对话基础,脑海中储存了一定语境的词组和句型,就比较有信心完成书面写作。这样循序渐进的教学过程,教学目的比较明确,教学任务比较清楚,学生的书面表达能力可以得到很大的提高。

3. 依据主题,拓展写作

现行的小学英语教材多数是以情景单元为主题安排的。在学习完表示身体部位的词如 eye, ear, nose, hair, face, leg, skin 等和一些表示颜色的词后,让学生进行口头人物描述,再进行笔头书写。

教师要让学生利用学过的语言知识充实文章,使文章显得自然和富有生活气息。不会的单词可以查找字典,也可以请家长帮助,甚至可以写中文,让老师帮助翻译。这些都是小学生英文写

[①] 彭冬妮.浅谈小学英语写作教学策略[J].英语广场,2019,(1):140-141.

作中常见的现象，教师应多加以指导并及时纠正。这种以任务为教学的策略，使学生为了完成一项真实的任务进行学习，在学习的过程中进行探究、回忆、思考、整理、合作（师生间、生生间、父母和子女间）、交往，并最终完成这项任务，直接培养了学生运用英语进行表达的能力。学生在学习过程中也获得了积极的情感体验，为初中进一步学习英语打下扎实的基础。

三、小学英语写的教学活动示例

（一）示例活动一

活动名称：

根据所给单词写句子。

教学目的：

让生活走进课堂，使学生根据生活实际运用所给单词尽可能多地写出句子。

活动准备：

在黑板上写下面的词。

big, small, tall, short, fat, thin, strong, slim, pretty, handsome, kind, polite

活动步骤：

(1)全班读黑板上的单词，弄清楚它们之间的联系。

(2)让学生根据生活实际写出相应的句子，越多越好。

My father is tall and strong.

My mother is short but she is pretty.

His/her grandpa is kind.

(3)将学生所写的句子贴出展示。

（二）示例活动二

活动名称：

配图写作。

第六章 小学英语听、说、读、写技能教学

教学目的：

训练学生的句子写作能力。

活动准备：

根据所学内容制作相关图片或选择与课文内容有关的幻灯片。

活动步骤：

(1) 展示图片或幻灯片。

(2)要求学生根据图片内容回答所示行为。

(3)学生根据图片用完整句子描述行为,然后写到相应的图片旁。

第七章　小学英语教学的课堂辅助与课外活动

对于小学英语教师而言，要想上好一堂英语课，除了掌握基本的教学内容、教学方法之外，还需要掌握一定的课堂辅助技能，如板书、教态、英语歌曲、英语童谣、简笔画等，这些课堂辅助的使用可以充分帮助英语教师丰富课堂气氛，促进小学生英语语言能力的提升。另外，教师还可以通过一些课外活动来提升小学生对英语的学习兴趣。为此，本章重点分析小学英语教学的课堂辅助与课外活动这两个层面的内容。

第一节　小学英语教学的课堂辅助

小学英语教学的课堂辅助方式有很多，英语教师应该从学生的经历和认知基础出发，通过合理的课堂辅助手段来启迪学生的英语思维，培养学生的创造能力，发展他们分析与解决问题的能力。本节主要探讨板书、教态、简笔画这几种课堂辅助手段。

一、板书

（一）板书的意义

板书是指教师在课堂黑板上提纲挈领地展现教学内容的书

第七章　小学英语教学的课堂辅助与课外活动

面语言。[①] 备课中精心设计的写在黑板正中的部分叫正板书;为了防止或弥补学生听不清或听不懂,作为正板书的补充或注脚而随意写在黑板两侧的部分叫副板书。

板书可以更深刻、全面地揭示教学内容,体现知识结构和讲练的程序;使学生听觉和视觉结合,从而理解更准确、迅速,记忆更牢固;还可以启发、引导和调节学生的思维。小学英语板书设计一般都辅以生动有趣的图片,可以吸引学生的注意力,增加趣味性。

另外,如果为了节省上课时间,板书的内容可以预先写好,上课时可按板书设计直接贴到黑板上。这样既可以节省时间,又可以避免上课时匆忙写的板书不美观,还可以培养学生正确书写的良好习惯。

(二)板书的原则

板书的原则如下所述。[②]

(1)目的性——与课堂教学内容密切相关,体现教学内容和教学目的。

(2)针对性——针对教学重点和难点,针对学生的实际水平。

(3)概括性——抓住重点和关键词、短语、句子,提纲挈领。

(4)条理性——体现知识之间的联系和对比关系,线索清楚分明,整齐、清晰、醒目。切忌随心所欲,内容混杂不清。

(5)计划性——正板书、副板书、字母与字母、词与词、句与句、行与行之间的距离恰当,布局合理。

(6)灵活性——形式多样,富有色彩感。

(7)示范性——书写工整、正确、规范,对养成学生良好的书写习惯和学习习惯有潜移默化的作用。

(8)协调性——边演示讲解边写板书,体态动作协调。

[①] 丁书琴,陈春香.建构主义视域下课堂板书的应用——以小学英语课堂为例[J].文教资料,2017,(16):221-222.

[②] 沈瑜.浅谈小学英语教学中对"板书"的思考[J].内蒙古教育,2016,(17):56.

(三)板书的形式

(1)提纲式板书,对一节课的教学内容经过分析和综合,按顺序归纳出几个要点,将其列出。

(2)表格式板书,呈现句型结构,分析课文或为了组织学生进行操练等,表格也可以多种多样。例如:

呈现句型的运用(表 7-1):

表 7-1　呈现句型

This/That is $\begin{cases} \text{tall.} \\ \text{short.} \end{cases}$
These/Those monkeys are $\begin{cases} \text{thin.} \\ \text{fat.} \end{cases}$

(资料来源:黎茂昌、潘景丽,2011)

描述一天所做的事情(表 7-2)。

表 7-2　每天时间安排表

7:00	get up
8:00	go to school
12:00	have lunch
4:30	go home
6:00	watch TV
9:00	go to bed

(资料来源:黎茂昌、潘景丽,2011)

(3)图示式板书,用文字、数字、线条、关系框图等将分散的相关知识或内容进行分析、归纳和推理,或提示某语言项目系统中的若干要素及其联系[1],如图 7-1 所示。

---

[1] 顾善萍.论小学英语课堂教学板书的合理使用[J].教育实践与研究(A),2013,(11):44-45.

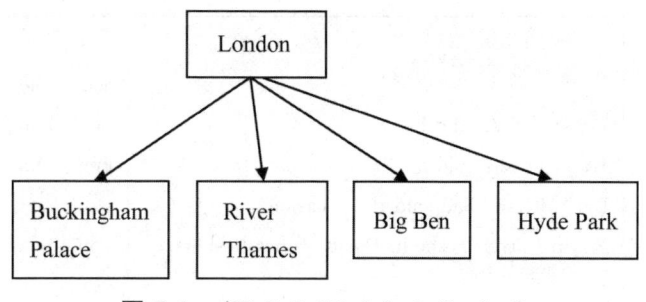

第七章　小学英语教学的课堂辅助与课外活动

```
           London
    ／    ／    ＼    ＼
Buckingham  River   Big Ben  Hyde Park
 Palace    Thames
```

图 7-1　（Unit 2,Module 2,Book 4）

（资料来源：黎茂昌、潘景丽，2011）

(4)并列式板书,展示人物之间的对比、事物特征的对比、语言材料的对比,可帮助学生加深理解和记忆。[①] 例如,讲述 *Beijing is bigger than Tianjin*(Unit 2,Module 5,Book 4)这一课时可采用并列式板书。

　　The Changjiang River—longer—The Yellow River.
　　　Mount Qomolangma—higher—Mount Tai.
　　The Great Wall—older—The Summer Palace.
　　　　Beijing—bigger—Tianjin.

为了将所涉及的各个方面综合地反映在板书里或将零散孤立的语言材料串联在一起形成系统,还可使用放射式、循环式等多种形式的板书。

(四)板书举例

示例 1:表格式板书

下面是一篇课文教学的板书。这篇课文是叙述一个人在某时间以前售出货物的情况。过去完成时是本课教学的重点和难点。请先讨论这篇板书的优缺点,再在一张白纸上设计出自己的板书(表 7-3)。

[①] 邓秀华.小学英语课堂板书有效性探析[J].湖南第一师范学院学报,2015,(3):13-16.

表 7-3　板书内容

Basket Mat Pot Plate Bowl Magazine Carpet Midday	Lesson 27 At the Market At 7:00, she sold one basket. By 7:30, she had sold three baskets. When I arrived, she had sold all her baskets.	sell—sold buy—bought knife—knives fish a kilo of groundnuts beans

（资料来源：黎茂昌、潘景丽，2011）

示例 2：图示式板书（图 7-2）

T：Look. This is a picture of a family. The man is Mr. Green (Writes "Mr. Green" on the Bb). The woman is Mrs. Green (Writes "Mrs. Green" on the Bb). Who is the boy? It's Jim (Writes "Jim" on the Bb). The girl's name is Kate (Writes "Kate" on the Bb).

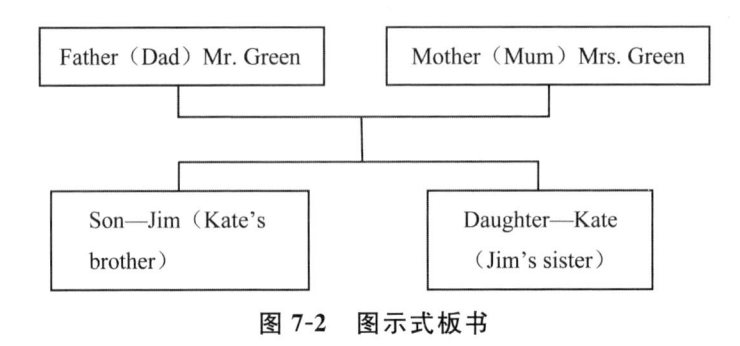

```
┌─────────────────────────┐     ┌─────────────────────────┐
│ Father (Dad) Mr. Green  │     │ Mother (Mum) Mrs. Green │
└────────────┬────────────┘     └────────────┬────────────┘
             └──────────────┬────────────────┘
       ┌─────────────┴─────────────┐
┌──────┴──────────┐         ┌──────┴──────────┐
│ Son—Jim (Kate's │         │ Daughter—Kate   │
│ brother)        │         │ (Jim's sister)  │
└─────────────────┘         └─────────────────┘
```

图 7-2　图示式板书

（资料来源：黎茂昌、潘景丽，2011）

（五）板书评价表

下面的评价表可帮助教师检查板书情况（表 7-4）。[①]

---

① 徐英姣.小学英语教学板书区域划分研究[J].成才之路，2015，(3):71-72.

第七章　小学英语教学的课堂辅助与课外活动

表 7-4　教师板书评价表

	指标	各项比例	得分
1	突出了教学重点和难点	20	
2	提纲挈领,概括性强	10	
3	清晰、醒目,有条理性	15	
4	布局合理,不拥挤,不松散	15	
5	根据教学内容及其内在联系,设计灵活	15	
6	书写工整、正确、规范,不潦草	10	
7	与口头语言、教态协调	15	
	合计	100	

(资料来源:黎茂昌、潘景丽,2011)

二、教态

(一)教态的意义

教态是教师在学生心目中的整体形象,包括教师的仪容、风度、神色、情绪、表情、姿势、动作、举止、手势、目光等,是教学艺术的重要表现。教师可以通过教态向学生传达信息并传授知识,感染学生的情绪,增强知识讲解的效果,开发学生的非智力因素,影响学生的修养。良好的教态能体现教师的人格修养、气质和整体素质。

(二)教态的要求

教态的主要原则是:知识水平与人格形象高度统一;生理素质、健康状况与文化修养统一;教学过程、步骤、方法和手段统一;视、听、动协调,适当模仿与发自内心的体验一致以及教师个性与行为的整体育人效应统一。其基本要求如下:

(1)着装整洁,端庄。
(2)目光亲切,表情轻松,态度和蔼。

(3)举止文雅,精神饱满。

(4)面向全班学生,与学生视线交流的时间不低于60%。

(5)善于用不同的眼光表情达意。

(6)根据教学需要,表现出发自内心的情感。

(7)身姿、手势、一举一动都要表达出对学生的喜爱、关心、信任和期待。

(8)位移幅度和频率适中,并根据教学内容与演示、讲解、板书等活动协调。

(9)各种动作从容、敏捷、准确。

(三)教态的基础

1. 知识形象和人格形象

教师的知识形象是教师所具备的社会、科学及专业知识和技能的外在表现,其人格形象则是教师行为和思想品德修养所形成的优良品质的物化。

2. 生理素质与文化修养

生理素质是教师的能力、活力和灵气赖以生存的基础,它在很大程度上决定教态的质量。文化修养是指一定的文化、文学艺术、哲理等在心情和精神上的沉淀和积累,只有二者的结合统一才能形成最佳教态。

3. 动机、自我意识与养成矫正训练

师范生强烈的训练和模仿动机是形成良好教态的重要前提,而自觉地克服不良的身姿、手势等则是教师不断优化自己教态的良策。

(四)良好教态的基本构成

1. 服装

教师的服装应整洁、大方、朴素,女教师忌穿过于暴露的衣服

第七章　小学英语教学的课堂辅助与课外活动

和拖鞋；男教师忌穿背心、拖鞋。

2.面部表情

(1)目光亲切,保持与全班学生的目光交流,不要过多地注视某部分学生,使另一部分学生感觉被冷落、忽视。在教学过程中用眼神表示肯定、否定。做到肯定中有期待,否定中有鼓励,亲切中有严厉,容忍中有警告。

(2)含蓄地微笑,轻声笑,不要咧嘴大笑以及嘻嘻哈哈和断断续续地嘿嘿笑。

(3)喜怒哀乐不宜表露得太夸张,课堂上不能以冷面、恶意的面孔对学生。

3.身姿

(1)进。教师走进教室时胸部挺直、自然得体,精神饱满而严肃,可亲可敬。

(2)站。站稳、挺直,手不乱动,腿不乱抖,双手不撑讲台,也不放在裤兜里。

(3)手势。手势应该在徐缓中渗透着坚定。直线动作、圆弧形动作、快动作、慢动作、大动作、小动作等随着教学的整体发展而适度地变化,并与语言、表情、身姿等相配合。

三、简笔画

(一)什么是教学简笔画

所谓教学简笔画,是用简单的线条所勾画的、辅助板书的、形象地说明教学内容的简单图画。[①] 教学简笔画是一种值得推广的

---

① 徐兰芳.简笔画在小学英语教学中的运用研究[J].科技资讯,2018,(33):180-181.

直观教学手段,是小学英语教师必备的基本功。作为一种教学辅助手段,教学简笔画可以起到语言、示范、教具演示、挂图所起不到的作用。教师借助于教学简笔画,把学生引入教学情景与故事情节之中,使学生有身临其境之感,调节教学气氛,唤起学生的注意和情趣,可以使课堂教学做到"动"与"静"的互相转化,进一步地调动学生的积极性。运用教学简笔画时教师事先展现挂图,其效果更为突出,不至于使学生眼花缭乱,特别是它可使那些稍纵即逝的过程通过画面予以再现,能够展现教学的过程,便于学生抓住教师的思路。教学简笔画可多途径地培养学生的能力,陶冶学生的情操。

(二)教学简笔画的特点和基本要求

简笔画教学通过简洁、形象的画面创造情景,辅助单词、短语、句型和课文的教学,帮助学生进行听说练习。它与一般绘画不同,它不在"写实"而在"表意",只是一种符号式的、服务于教学、作用于教学的绘画,其特点与基本要求如表 7-5 所示。[①]

表 7-5　教学简笔画的特点与基本要求

特点	基本要求
简洁性	做到简而快,单线勾勒,不涂明暗,一笔画成,避免重笔与修饰,一目了然,省时、省力、省料。
形象性	做到笔画简练,形象突出,能够抓住事物的最基本特征,增强记忆,发展兴趣,简练描述过程。
启发性	启发思维,体验传情达意,培养学生的审美能力。
调控性	做到动与静的结合,调节课堂教学,活跃课堂气氛,激发学生的学习兴趣。

(资料来源:黎茂昌、潘景丽,2011)

[①] 何晓芬.论简笔画在英语教学实践中的妙用[J].成才之路,2016,(28):79.

第七章　小学英语教学的课堂辅助与课外活动

(三)教学简笔画的基本功训练和基本技法

简笔画的一切特点均体现在"简"字上,这无疑给我们掌握它提供了方便。对于简笔画来说,只要能体现物体特征,越简单,绘画速度也就越快,越能有效辅助课堂教学。在小学英语教学中,教学简笔画只是用来告诉学生是什么、在干什么以及在哪里,带有一定的看图识字、看图说话的作用,所以在小学英语教学中所使用的简笔画实际只是某物体或某事的图形标志、图形符号。

1. 基本功训练

学习简笔画的训练程序是:先练线条,后勾基本图形,再练图像。

(1)基本线条的画法。简笔画的用线主要有粗细、曲直两大类。粗细线条可用粉笔作画,细线可用粉笔细端,粗线用粗端,若再粗可将粉笔的两端口加工一下,若要涂黑,可将粉笔折断。曲直线条包括直线、曲线、波纹线、螺旋线、旋转线、弹簧线、不规则线等。

(2)基本图形的画法。在各类简笔画中,都存在一些基本图形,简笔画基本功的训练,必须从这些基本图形练起,如图 7-3 所示。

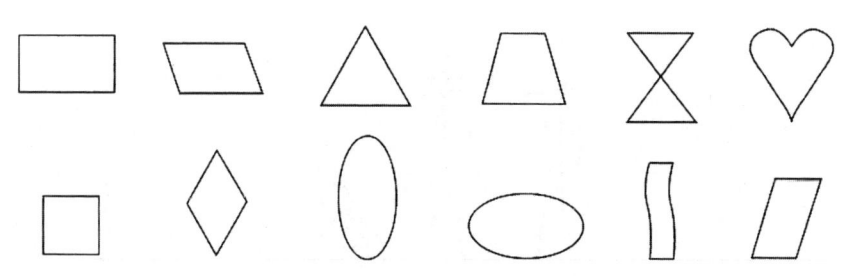

图 7-3　基本图形应用示例

(资料来源:黎茂昌、潘景丽,2011)

基本图形应用示例,如图 7-4 所示。

图 7-4　基本图形应用示例

（资料来源：黎茂昌、潘景丽，2011）

2.基本技法

人体教学简笔画的基本技法有以下四种。

（1）线杆法。按头—躯—下肢—上肢的顺序画，画法如下所述。

头部用圆圈表示，男女区别主要以发型和衣裙来区分，如图 7-5 所示。

图 7-5　人体简笔画线杆法应用示例

（资料来源：黎茂昌、潘景丽，2011）

四肢活动主要用关节的曲直来表示，如图 7-6 所示。

图 7-6　人体简笔画线杆法应用示例

（资料来源：黎茂昌、潘景丽，2011）

第七章　小学英语教学的课堂辅助与课外活动

（2）角胸法。用角胸法画人体，是圆头、角胸、线杆肢。方法易于掌握，更为直观。

画法：将线杆法中的直线胸变化为各种三角线，其他方面同线杆法，如图7-7所示。

图7-7　人体简笔画角胸法应用示例

（资料来源：黎茂昌、潘景丽，2011）

（3）方身法。方身法是用方形、矩形、梯形等及其变形作为人身，其他方面同线杆法，如图7-8所示。

图7-8　人体简笔画方身法应用示例

（资料来源：黎茂昌、潘景丽，2011）

（4）圆身法。用圆身法画人体，是圆头、圆身、线杆四肢，它以椭圆取代了角身、方身，其他方面同以上各种画法，如图7-9所示。

图7-9　人体简笔画圆身法应用示例

（资料来源：黎茂昌、潘景丽，2011）

人的面部表情主要表现为眉、眼、嘴的变化，作画时须先画脸盘、眉、鼻、嘴、头发与胡须。① 画法：先画一圆形，把圆形目测分成三等块，上线画眼，下线画嘴，中间画鼻子，如图 7-10 所示。

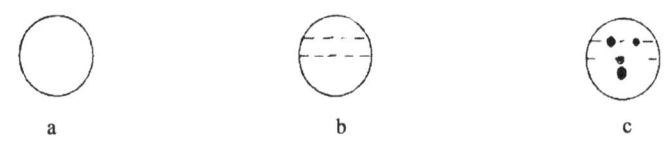

图 7-10 面部简笔画应用示例

（资料来源：黎茂昌、潘景丽，2011）

添加头发的技法如图 7-11 所示。

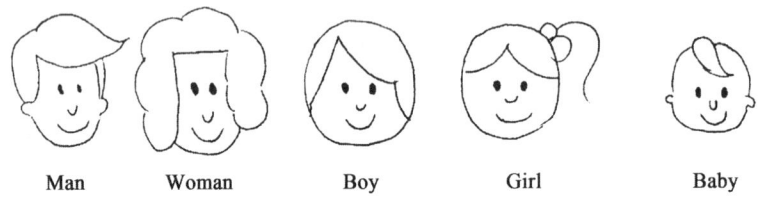

图 7-11 面部简笔画应用示例

（资料来源：黎茂昌、潘景丽，2011）

还可将人的五官的某一部位突出，生动、幽默地体现人的面部表情，如图 7-12 所示。

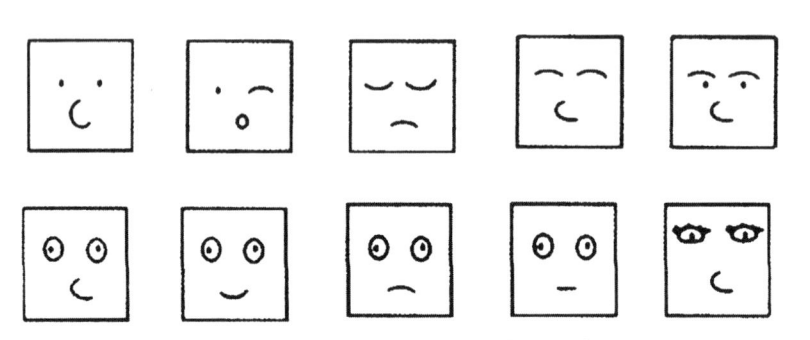

图 7-12 面部表情简笔画应用示例

（资料来源：黎茂昌、潘景丽，2011）

---

① 张洁,张顺生.趣味漫画在小学英语课外活动中的实践[J].基础外语教育,2017,(1):59-64+110.

第七章　小学英语教学的课堂辅助与课外活动

其他教学简笔画主要用点、线、面相结合的方法勾勒出物象的轮廓线、动态线。作画要求外形简单,轮廓清晰,特点明确,一目了然,不要添加一些不必要的细节修饰,如动物的牙齿、脚趾等,如图 7-13 所示。

图 7-13　其他类型教学简笔画应用示例

(资料来源:黎茂昌、潘景丽,2011)

动物类简笔画画法分解示例,如图 7-14 所示。

图 7-14　动物类教学简笔画应用示例

(资料来源:黎茂昌、潘景丽,2011)

水果类简笔画画法分解示例,如图 7-15 所示。

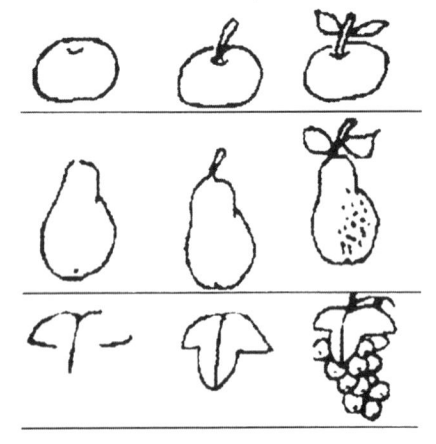

图 7-15　水果类教学简笔画应用示例

(资料来源:黎茂昌、潘景丽,2011)

植物类简笔画画法分解示例,如图 7-16 所示。

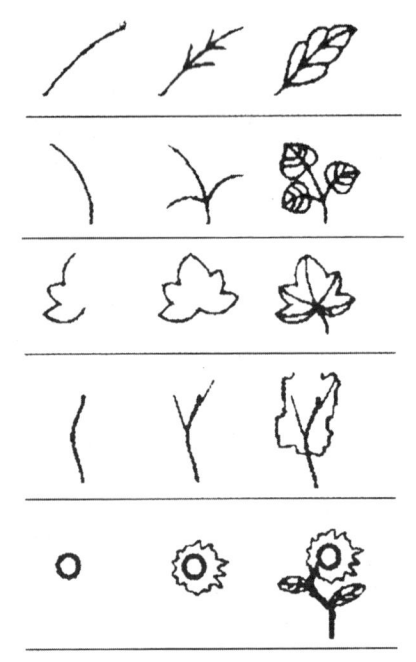

图 7-16　植物类教学简笔画应用示例

(资料来源:黎茂昌、潘景丽,2011)

(四)教学简笔画在小学英语教学中的应用

小学英语教学中,因为少年儿童难以集中注意力,要使他们在 45 分钟内专心于某项活动,教师就要用活动的方法吸引他们的注意。简笔画线条简单、生动活泼、具体形象、趣味性强,使用方便,可以集中学生的注意力,提高学习效率,而且在教学中使用简笔画可以减少母语的干扰,减少使用翻译法。

1. 简笔画教学应注意的事项

(1)简笔画画法要快、简,迅速几笔勾勒出人和物的基本特征,不求细节。

(2)边画边对正在画的图画提问。例如:

What is this?

What is he doing?

(3)先画大特征,再画小特征,如画人物时先画头和身体,再画眼睛和嘴。

(4)现成的不用多画。

(5)抽象的内容不易画。

(6)不能用一幅画说明的,可用几幅,如图 7-17 所示。

图 7-17 简笔画教学示例

(资料来源:黎茂昌、潘景丽,2011)

(7)在教学中,如有很多内容要用简笔画时应有所选择,部分可在课前制作成小卡通图片,一部分当堂作画,卡通图片可用橡皮泥粘上。

2.具体应用

(1)学习新词。用简笔画代替各种实物和客观现象,这样省力、简单,清楚地表示其词义。

(2)同义对比。具体如图 7-18 所示。

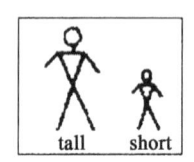

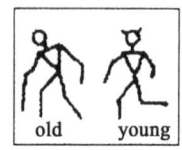

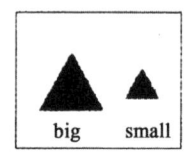

图 7-18　同义对比简笔画教学示例

(资料来源:黎茂昌、潘景丽,2011)

(3)词义解释,如图 7-19 所示。

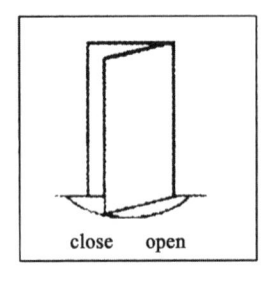

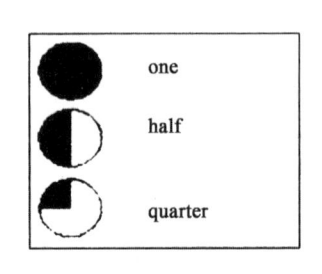

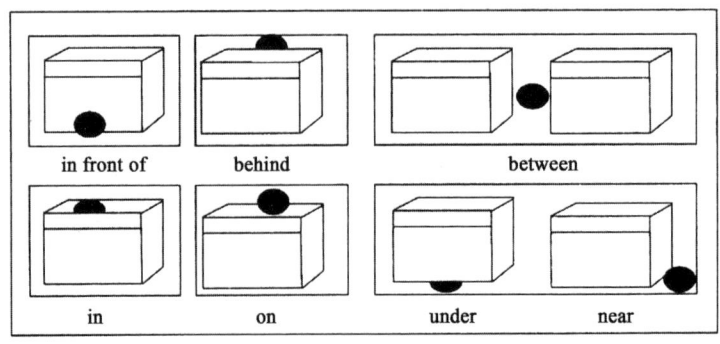

图 7-19　词义解释简笔画教学示例

(资料来源:黎茂昌、潘景丽,2011)

第七章　小学英语教学的课堂辅助与课外活动

（4）教句型和语法。语法教学、句型和词汇教学应该成为一个统一体，教单词离不开句子，通过对句型的反复操作才能掌握词的含义和用法，句型练习有助于掌握语法规则。简笔画为句型操练提供了情景，具体如图 7-20 和图 7-21 所示。

图 7-20　语法教学简笔画示例

（资料来源：黎茂昌、潘景丽，2011）

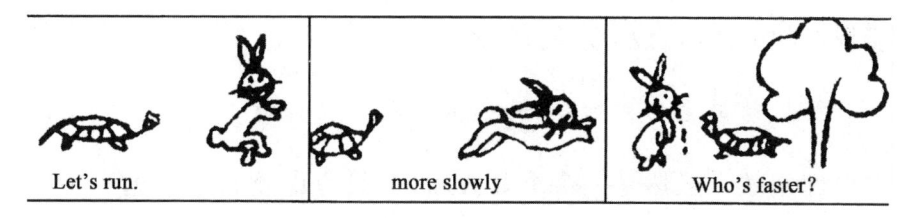

图 7-21　句型教学简笔画示例

（资料来源：黎茂昌、潘景丽，2011）

第二节　小学英语教学的课外活动

英语课外活动是英语教学的重要组成部分，是英语课堂教学中必不可少的辅助形式，开展好课外活动可使学生储存一些学好英语的潜在能量，对英语课堂教学也会起到很大的促进作用。英语课外活动能够扩展学生语言实践的深度和广度，培养学生的学习能力和综合语言运用能力。

一、开展英语课外活动的意义与原则

(一)开展英语课外活动的意义

英语课外活动与课堂教学的目的、要求是一致的,与英语课堂教学相辅相成、辩证统一。

1. 课堂与课外相结合,进一步巩固课堂知识

课外活动是课堂教学的拓展和延续,如果没有在课堂吸收语言知识,所学的语言知识就难以巩固。但由于学生在课堂的有限时间内练习英语的机会并不多,所以教师要多开展丰富的课外活动,教师要多创造英语环境,让学生有更多的语言实践机会,进一步提高他们的听、说、读、写的能力。

2. 被动与主动相结合,进一步培养学生兴趣

课堂教学虽然是一个重要方面,但只有课堂教学是远远不够的。既要通过课堂活动让学生接受知识,又要通过丰富多彩的课外活动增强学生学习英语的兴趣,给学生更多运用英语进行交际的机会,把枯燥的语言知识的灌输转换为喜闻乐见的言语实践活动,进一步调动他们学习英语的积极性。

3. 实践与创新相结合,进一步拓宽学生的视野

与课堂教学相比,英语课外活动的实践性较强。从事课外活动,往往既要用脑劳动,又要用手劳动,如英语趣味墙报、英语学习园地以及英语表演等,都需要把动手和动脑结合起来。在动手中遇到难题,需要学生动脑反复思索,寻求解决问题的方法。这样,就把脑力劳动和体力劳动很好地结合起来,培养了学生手脑并用的实践能力。

课外活动固然需要老师的指导,但主要靠学生自己的努力学

第七章　小学英语教学的课堂辅助与课外活动

习、实践,自己动脑筋克服困难,处理问题,解决问题。早期活动中阅读、观察、收集资料、记录、设计、制作、表演等都是由学生独立完成的。这就能够使学生在实际锻炼中,培养独立性,增强独立工作的能力。课外活动搞得好,还可以使学生发挥创造性,培养学生积极探索、勇于创造的精神。学生在英语猜谜、抢答等富有探索性的活动中,常常表现出突破"接受学习"的水平,他们自己认识新事物、新现象,大胆地提出和解决新问题,勇敢地创造新作品,做到有所发现、有所创造。可见,课外活动在英语教学中发挥着重要的作用。

(二)开展英语课外活动的原则

为了使课外活动发挥其应有的作用,应重视活动过程的优化。根据小学生的年龄特点和生理、心理发展规律,在活动的实际操作中努力遵循以下原则。

1. 目标性原则

在设计英语课外活动时,应从整体考虑,既要注意其教育性,要寓教于乐,不是为了活动而活动,又要注意知识性,结合学生的原有知识进行深层次、广范围的拓展,要注意能力的培养、情感的陶冶,还要注意内容的安排,从本班的实际条件、趣味性原则出发,注意引发学生的好奇、好学之心。例如,有位教师在课堂中用"击鼓传花"的游戏进行操练,这本身是一种很好的形式,但她让学生敲鼓,自己提问,结果到游戏结束只有少数几位学生得到操练。如果采用老师击鼓,学生问学生答的形式,其效果可能更好。

2. 主体性原则

课外活动是学生的自主性活动。因此,要充分依靠和发挥学生的自主性、积极性和主动性,确立学生在活动中的主体地位,把调动学生参与活动的积极性贯穿活动的始终,重视培养学生的独立性。在活动中以学生为中心,把学生当作充满活力、富于想象和情感、具有独立人格的人。要让学生以自主的姿态来组织、参加活动。

在引导学生进行讨论、交流的同时,激励学生思考,鼓励学生大胆发表自己的看法和意见。授予方法,使之能学;传输动力,使之想学,使他们从中学会自治、自理并培养独立思考、独立工作的能力。教师不宜发号施令、包办代替,而应尽可能满足不同学生的学习需求,培养能力,使之会学。当然这并不意味着忽视教师,甚至取消教师在活动中的作用。教师处在辅助的地位给予引导、启发、指点、帮助,为学生参加活动提供条件,帮助学生把握活动的方向,制订活动计划,在活动的关键所在给予必要的提示,在遇到困难时给予及时的指点和帮助,在学生有创见的地方给予肯定和表扬,鼓励他们进一步探索。

至于具体的活动过程,应由学生独立自主地进行,特别应注意发挥学生集体和团体组织的作用,让学生自己的组织来主持一些有关的课外活动,让学生通过集体的讨论来决定活动的计划、步骤并解决活动中的各种问题。有关讲座和带有训练性质的课外活动,需要以教师讲解和示范为主,但也要以学生的愿望为基础并发挥学生的主动性。例如,在学生自编对话的活动中,教师就应不失时机地主动参与学生的讨论和角色的扮演。这样,在活动的过程中,教师与学生互相影响、互相补充、互相促进,不但实现了师生之间、生生之间双向或多向的互动式信息交流,而且还可提升活动效果,增加活动的信息量,并让学生在活动中体验理解、尊重、信任、宽容与关爱,同时受到激励、感化、指导。

3.渗透性原则

课外活动与课堂教学有着密切的联系,两者都是实现教育目的的途径,因此应当互相配合、互相促进。通过课堂教学,学生掌握了一定的文化科学知识、技能和思想理论,发展了智力和体力。课外活动可以使学生加深理解和运用课堂上学到的知识,可扩大

第七章 小学英语教学的课堂辅助与课外活动

视野,丰富知识,提高认识,并能大大提高实践能力。

学生在课外活动中获得的感性知识和直接经验,有时也可以作为课堂教学时掌握理论知识的准备。进行课堂教学时,教师要注意运用学生课外活动所获得的经验,促进课堂学习的进行。学生在课外活动中要注意把课堂上学到的知识加以运用并转化为技能技巧。在指导学生选择和确定活动项目时,要注意以课堂讲授的知识为基础,使学生得到运用和加深知识的机会,补充课堂教学的不足。

课外活动和课堂教学是各自独立的教学途径,不能把课外活动视作为学生补课,或者让学生做作业,使课外活动成为变相的课堂教学,变成"课外课"。这是要绝对禁止的。

4. 可行性原则

课外活动是进行因材施教的好阵地,切不可像课堂教学那样用同一个标准去要求不同的学生,那样做就失去了课外活动的优越性。在制定活动目标时,一方面要以新课标和教学内容为依据,注意挖掘语言活动中的教育功能,将活动的着力点放在提高学生的语言素质上,对活动的要素进行深层次的开发;另一方面还要考虑学生已有的知识、经验水准和适应能力。不同年龄的学生,由于积累的知识与经验不同,他们的兴趣与需要也不同。

因此,活动的目标要与学生的语言知识和语言素质的发展水平相适应,与活动的重点相适应,任何过高、过难或过低、过易的目标都于活动的开展无益,因为过高、过难的活动目标会因无法实现而挫伤学生的自信心和参与活动的积极性,而过低、过易的目标则会使活动因难以发挥作用而失去其自身的意义。

一般来说,小学低年级学生的课外活动,学习和模仿的因素应占主要地位,随着年龄的增长,就可以逐渐增加创造的因素。到了高年级,设计实验、比较复杂的技术操作、文学创作等就可以成为课外活动的内容。同一年龄段的学生,其个性特点、发展水平不同,他们有各自的兴趣特长。所以,即使同一年级还要承认差别,考虑学生的个别特点,尽可能适应不同发展水平和具有多种不同兴趣爱好的学生的个别需要。这也是课外活动能否有吸引力,能否取得成效的关键之一。

5. 实践性原则

我国幅员广大,各地情况千差万别。发达地区和边远地区、城市和农村、重点学校与一般学校,在经济文化背景、学校物质条件和师资水平等方面相差很大。不过,任何学校都有自己的特点、自己的优势。因此,开展课外活动要因地制宜、因校制宜。

总之,要充分体现"以人为本",以学生为学习主体的教学理念,多样化的语言活动使学生在课堂内外自始至终参与教学实践,处于动态的学习与交流之中。只有这样,课外活动才为我们的英语课堂教学带来生机与活力。

二、课外活动的形式

《标准》在实施建议中明确指出:"根据学生的年龄特点和兴趣爱好,积极开展各种课外活动。"教师可根据实际情况开展形式丰富多样的小学英语课外活动,下面介绍几种常见的形式。

(一)创设情景,巩固英语语言技能

1. 英语角

教师可设立符合学生学习、生活内容的主题,创设一定的场景,大家互相交流,共同提高。这种活动形式对提高学生的口语能力有很大帮助,只要能坚持下去,就会收到很好的效果。当然,如果是低年级同学,由于所学的英语词量和学到的短语、句子较少,交流有一定的困难,那么可以让他们在英语角中大声背诵或演唱课堂、课外所学到的小诗、英语歌曲或绕口令,在培养语感的同时,也培养勇气。

第七章　小学英语教学的课堂辅助与课外活动

2. 英语联欢会

利用周末、节假日前举办英语联欢会，由学生表演节目，如唱英文歌曲、分角色表演对话、演短剧等，不仅能够锻炼学生的实践能力，也能够发挥他们的表演才能。

3. 英语学习园地

这是一种扩展知识、发展写作能力的课外活动形式。内容主要围绕课堂教学中的语言知识和技能训练两个方面。例如，介绍与课文有关的背景知识、英语学习方法、英语国家的文化习俗，刊登一些短小有趣的故事、笑话、格言、谜语、英语语言发展知识，以及课文中的疑难解答等。学习园地的稿件可以动员学生投稿或由教师指导推选，然后由学校英语板报小组或班级轮流主办。这样能使学生广泛地参与并关心学习园地，同时也起到了相互学习、竞赛从而保证质量的作用。

(二)组织竞赛，激发学生学习的积极性

1. 英语朗读比赛

根据所学课文的内容或课外读物上的内容，要求学生按一定的语音、语调去朗读，参加人数不限，可以自愿报名，然后组织学生评委进行评分。

2. 英文歌曲卡拉 OK 比赛

教师在平时上课时教学生一些英语歌，到期末可以举行英文歌曲比赛。学生们积极准备，买磁带、光盘、选歌、学歌。比赛时教师可邀请其他一些同行、校领导给学生打分。打分标准有歌曲类型、舞蹈编排、音色、音准以及服装、化妆等，所以从始至终，学生在比赛的过程中既锻炼了英语能力，又享受了英文歌曲带来的美感，并尽情地展示自我。

(三)寓教于乐,培养学生的学习兴趣

1. 记字母顺序游戏

参加游戏的人围坐一圈,一人当主持人,站在中央。主持人把球传出去,接着说出一个字母,球滚到谁的面前,谁就接住,并立刻按字母表顺序说出紧接着这个字母的下一个字母,然后把球抛回给主持人。主持人可以任意说 1~3 个字母,说错的学生要当场背诵一遍字母。

2. 传话游戏

参加游戏的人站成两排,人数相同,主持人到场对这两排的第一个人说一个英语单词或句子,然后由他们两人开始,将单词或句子分别在自己队伍中一个一个地传下去。传话要同时开始,传得快、传得准。这个游戏可以使学生复习旧单词和锻炼他们的听说能力。

3. 接词游戏

参加游戏的人分为两组,先由甲组派一个人在黑板上写一个单词,然后由乙组派一个人在黑板上写一个单词,这个单词的第一字母要与甲组的人所写单词的最末一个字母相同,接着由甲、乙两组轮流派人在黑板上写单词,要求同上,最后接不上的那一组失败。

4. 击鼓传花游戏

参加游戏的学生围坐成一圈,由教师击鼓,学生传花。鼓声停止时,执花者从事先准备好的纸条中抽出一张,并按纸条上的要求去做。纸条上可以写一些问句,也可写其他与课堂教学有关的要求,之后由这个学生代替教师击鼓,使游戏继续下去。

第七章 小学英语教学的课堂辅助与课外活动

（四）动手创作，提高学生的创新能力

出英语墙报是一种很好的帮助学生巩固所学知识、培养能力的方法。出英语墙报可以小组为单位定期轮换。每次出墙报时，教师可以和学生一起选定墙报内容，如短小有趣的故事、谜语等。这样，既培养了学生的阅读能力又提高了他们的书写水平。

总之，小学英语课外实践活动的形式多种，内容丰富。教师在具体的教学中根据教学内容设计出适合小学生年龄特点、知识能力水平的课外活动，对英语课堂教学必将有很大的促进作用。

第八章　小学英语教学中多媒体技术的应用

随着科学技术的发展,多媒体技术开始在小学中逐步运用和普及,越来越多的教师选择用多媒体进行英语教学。采用多媒体技术开展小学英语教学,不仅贴近小学生的心理发展特点,符合小学生的学习规律,而且能显著提高课堂教学效率。本章将对小学英语教学中多媒体技术的应用进行具体探讨。

第一节　多媒体技术对小学英语教学的影响

多媒体是信息的多种媒体的综合,也就是将计算机和视频技术结合起来,其包括声音、文字、图形、视频、动画、影像等。多媒体技术就是利用计算机对声音、文字、图像等媒体信息进行数字化处理的系统技术。它以计算机为中心,把语言图像处理技术和视听技术等集成在一起,并通过对音频、视频信号的模数转换和数据压缩、解压等过程,实现计算机对不同媒体信息的存储、加工、变换和检索。[①] 将多媒体这一高端技术引入教学,就产生了多媒体教学,是一种先进的教学模式。运用多媒体展开教学,并不是简单地将各种多媒体资料加以拼凑,而是教师根据教学目标、教学内容、教学对象等将声音、文本、图像、动画等不同形式的信

[①] 段玉山,吴沛林.多媒体课件制作实践[M].上海:华东师范大学出版社,2000:3.

第八章 小学英语教学中多媒体技术的应用

息有机结合在一起,并与传统的教学手段相结合参与教学过程,从而使教学效果达到最优化。多媒体教学对小学英语教学产生了极大的影响,它带来了新的教学理念、先进的教学手段和方法,推动了小学英语教学的改革与发展。本节就对多媒体技术及其对小学英语教学的影响进行详细论述。

一、多媒体技术对小学英语教学现状的影响

多媒体技术的迅速发展和广泛运用,使得小学英语教学的现状发生了显著改变,具体体现在以下几个方面。

(一)学校多媒体教学设施不断完善

近年来,受现代信息技术发展的影响,大部分小学,尤其是城市小学在硬件设施上都加大了投入,大力推广多媒体教学技术,开始建设多媒体教室,配备多媒体设备。而且很多学校都给教室配备了笔记本电脑,以方便教室储存、提取相关的教学信息。

但不可否认的是,多媒体教学并未达到完全普及的状态。首先是资金不足,设备跟不上,无法给教师提供良好的多媒体备课平台和授课方式。其次是操作存在困难,虽然有专门的多媒体教室,但每次上课都换教室很不方便,课前还要进行各种准备等,多媒体教室要比普通教室大,而用小教室开展英语教学效果更佳,所以多媒体教室基本就成了一种摆设。有的学校的多媒体建设仅限于形式,设备比较陈旧,更新维护跟不上。

尽管多媒体教学还存在一些问题,但多媒体教学还是很有前景的,而且紧跟国家教育政策和科技发展的步伐。

(二)教师普遍使用多媒体教学

现在,大部分教师已开始接受多媒体技术,并采用多媒体技术进行教学。多媒体已经成了教学中的重要组成部分,而一些传统的教学工具,如图片、录音机、幻灯片等由于无法吸引学生,逐

渐退出课堂。

在小学英语教学中，Powerpoint 和 Office 是最常用的两个程序。Powerpoint 在声音和动画的处理上具有很强的灵活性，其适用于导课。Word 可以作为添加背景和图片，板书字体大小可以随意改变，添加快捷，修改灵活，是一块很好的电子黑板。用 Flash 制作课件可将各种多媒体元素结合在一起，其最受学生欢迎。但是用这种软件制作课件，过程较为复杂，而且需要花大量的时间，需要教师花时间学习和培训才能有效掌握和灵活运用。

多媒体技术在课堂导入和补充内容方面更加出色。教师可以在课堂导入这一环节使用多媒体，凭借多媒体的魅力吸引学生的注意力，可以凭借网络搜索教材中没有的补充内容。在语法、词汇和知识点的讲解以及联系上也使用了多媒体，但一般是将内容通过电脑屏幕呈现，效果不及传统教学。因为学生只看屏幕，播放的速度远快于学生思考的速度，播放的信息量很大，学生难以快速接受，而且内容一次性呈现在屏幕上，不及传统教学中教师随内容的讲解逐步呈现知识点那样有层次感，更易于学生理解和接受。

(三)学生基本认可多媒体教学

大部分学生都喜欢多媒体教学，在计算机的帮助下学生能被英语语音、图像、视频等所吸引，积极投入英语学习。他们认为在英语教学中使用多媒体技术，学习效率会更高。但也有部分学生并不满意声音、图像和视频展示的清晰度，还有部分学生认为很多教师并不擅长使用多媒体设备，而且认为教师在操作多媒体设备上浪费了太多时间。但总体而言，学生基本认可和接受多媒体教学。

二、多媒体技术对小学英语教学效果的影响

作为一种新的教学手段，多媒体教学顺应了时代的发展，是

第八章　小学英语教学中多媒体技术的应用

教育改革的热点。它具有强大的生命力,以势不可挡的趋势进入英语课堂,对传统的英语教学产生了巨大的冲击,对小学英语教学效果也产生极大的影响,具体体现在以下几个方面。

(一)多样化的教学方式激发了学生的学习兴趣

在我国,英语是作为一门外语存在的,它与我们的母语有很大区别,所以英语学习必然存在很多困难,特别是小学阶段的学生年龄较小,自控能力较差,英语学习对于他们而言是一件比较困难的事情。但多媒体的运用可以在一定程度上解决这一问题。相较于传统课堂教学,多媒体具有图、文、音、像兼备的特点和优势,可以向学生输入不同类型和功能的直观材料,有效弥补传统教学的不足。动听的音乐、鲜艳的色彩、有趣的动画、不断更新的内容等,对于孩子而言都是新鲜和好奇的,这无疑能吸引他们的注意力,拴住他们多动的心。

1. 激发学生"听记"的兴趣

兴趣是有效学习的前提和内在动力,只有具备浓厚的兴趣,才能使记忆更加深刻、更加持久。俄国著名的生理学家谢切诺夫曾经说过:"一切智慧的根源都在于记忆,记忆是整个心理生活的基本条件。"[1]心理学家皮亚杰也指出,兴趣能影响人类所有在智力方面的工作。我国的英语教学也十分注重对学生记忆能力的培养。在英语教学中,单词是最需要记忆的内容,在传统的教学模式中,教师会将单词写在黑板上带读,或者是利用图片教授单词,但是图片太过于普通,很难形成对学生感官的强度刺激。从心理学角度而言,文字说明对人的刺激强度最弱,图片比文字说明要好一些,动画刺激效果最佳。所以,传统的英语教学是很难激发学生的学习兴趣的,也不能充分挖掘学生的记忆潜能。

多媒体教学能够发挥计算机光、色、声、影四合一的功能,把

---

[1] 王华斌.全脑超能记忆力[M].西安:陕西师范大学出版社,2010:1.

传统教学中的单一图片、枯燥文字换成亮丽的色彩、形象活泼、内容丰富并伴有悦耳的音乐动画。几乎没有孩子不喜欢动画,只要动画一出现就能吸引孩子的兴趣,注意力集中了,对动画内容就会记忆深刻。例如,在课堂上教授动物单词时,课件就可以派上很大的用场,在屏幕上呈现一个大树,茂密的树叶中钻出一只顽皮猴子,并配上童音:"Hello, I'm a monkey."加入句型"What is this? It is…"把猴子隐藏在树里,兔子隐藏在树后,鸟隐藏在云中,点出什么动物,就让学生跟读。巩固单词时,把所有小动物再隐藏起来,学生读对单词,就让这个小动物出来,配上掌声鼓励,这种方式非常受小学生的欢迎。

通常,复习课比较难开展,多是让学生自己看书,背单词。实际上,复习课也适合多媒体的运用,而且会取得极佳的效果。具体操作是,将所学内容编进一个画面中,如给一个孩子开生日会,让他们请小动物们来参加,所有学过的动物单词都会被他们清点出来,然后请来的小动物们说:"Thank you!"还可以问小动物们在生日会上想吃什么,这样就可以复习食物、水果、饮料等单词。当学生看到所点的东西出现在画面上,就会十分兴奋,而且记忆会非常深刻。这样的多媒体教学就是从学生的兴趣入手,轻松达到记忆单词的目的。

2. 激发学生"仿说"的兴趣

用英语进行对话是英语学习的重要内容。但是,胆小、害羞的学生往往不敢开口说英语,口语能力得不到提高。没有说英语的语言环境,使得能大胆说的学生更少。多媒体可以轻松解决这一难题,多媒体可以创设一个说的环境,贴近学生的日常生活,能够激发学生开口说英语的兴趣。例如,可以根据教学内容创设这样一个情景:第一段动画中出现一位慈祥的老爷爷,他挂着拐杖立在一棵大树下,此时走来一个小姑娘,她给老爷爷搬来一把椅子,说道:"Grandpa, here's a chair."第二段动画中小女孩手里拿着一副眼镜说:"Are they your glasses? Grandpa!"老爷爷笑着接

第八章 小学英语教学中多媒体技术的应用

过眼镜说:"Yes! Thank you!"小女孩微笑着告别:"Goodbye grandpa."第三段动画中老爷爷交叉他的双臂坐在椅子上,小女孩一边说一遍模仿老爷爷的样子:"Grandpa folds his arms and puts them on his laps."后面用三段类似的动画,只不过成了老奶奶和小男孩之间的对话,可以重复上述对话,但又不显枯燥。这样的连贯画面将课本上静止的对话变成生动有趣的生活中的小镜头,通过动画,学生不仅能理解对话内容,而且印象会非常深刻,记忆长久,在之后的生活中遇到类似的画面时,就能毫不紧张地说出这些英语句子。

3.激发学生"读写"的兴趣

能力的长进与保持需要训练和练习,可以说恰当的练习对于巩固知识、形成能力有着重要的作用。在设计练习题时,可以不局限于传统的板书式题目,可以运用多媒体技术添加游戏的成分。当然,练习题要针对学生不同的学习程度来设计,教师要因材施教,让不同水平的学生来做与之水平相对应的题目。如果学生做对了,屏幕上就弹出诱人的蛋糕、美味的冰激凌等,并配以欢快的音乐,以示表扬;如果学生做错了,出现的是一张搞笑的小哭脸。例如,在复习课上可以设计一个"小兔子采蘑菇"的游戏来达到练习目的。一只小兔子提着篮子去树林里采蘑菇,树林里有很多蘑菇,可是每个蘑菇上都标有单词、句子。有些蘑菇上标有一个单词,有些蘑菇上标有两个单词,有些蘑菇上标有一句话,这就形成了难度不一的题目。先让一些英语水平较差的学生挑选他们认识的读出来,每读完一个,让他们拼写一遍,按要求做对了,小兔子即可采到一个蘑菇。然后,让英语水平一般的学生认、读、拼,最后让英语水平较高的学生来完成。在游戏结束后,清算一下同学们共用了多少时间采完所有的蘑菇。这种由易到难的学习既符合了学生心理,又可使不同水平的学生都参与到采蘑菇的游戏中,体验成功的喜悦,提高读写兴趣。

总体而言,多媒体具有丰富的视听效果,能有效增强教学的直观性和趣味性,而且优化了英语教学听、说、读、写的训练过程,显著提高了语言训练的效率,更重要的是能让学生在轻松愉快的氛围中学习英语,培养学生学习的兴趣。

(二)先进的教学手段提高了学习和记忆的效果

多媒体是现代英语教学中的先进教学手段,其在英语教学中的运用能有效提高英语学习和记忆的效果。

多媒体教学具有高效性,可以辅助实现教学重点难点的突破,提高课堂效率。教师课前做好的课件,节约了大量的课堂时间,还可以实现教材和媒体之间的优势互补,跟读、配乐朗读、模仿、问答练习、角色扮演等交互式训练,有利于学生的认知发展和思维训练。

多媒体教学运用多媒体的优化组合,创设出激发学生学习兴趣的情境,引导学生观察、探究,有利于提高课堂教学效率。通过多媒体课件的动态演示,课本上的内容可以直观、生动、由易到难地呈现在学生面前,使陌生的知识生活化。教师精心制作的课件可以使课堂氛围变得轻松、活跃,教师轻点鼠标,就能使学生看到精美的图片、听到知识点的讲解。通过多媒体教学,学生可以轻松掌握教学重点与难点,而且能自己归纳知识的内在规律,完成知识的建构。

教师还可以根据教学情况补充教学材料,丰富课堂内容。这样不仅能增加课堂的容量,而且能扩充学生的知识面,提高学生的学习积极性,强化学生对知识的记忆和理解。

获得记忆的途径有很多,但从记忆内容的有效性和保持的时间来看,视觉和听觉这两种感觉的重要性要超出其他感觉,所以在学习中将视觉和听觉结合起来能有效提高学习效果。而多媒体的教学技术从这两个感官进行刺激,提高学生的记忆力。

(三)教学密度的加大提高了英语学习效果

英语学科有着两大特点:一是知识点多,内容包罗万象;二是

第八章　小学英语教学中多媒体技术的应用

基础知识多,要记忆和理解的内容多。传统的教学方法,如讲述法、谈话法等逐渐出现弊端,无法适应现代英语课堂教学。多媒体技术的运用可以提高课堂的信息密度,学生可以在有限的课堂时间内听到和读到更多知识;还能提高知识传输的速度,在传统的教学中,很多教师的讲解和板书不同时进行,多媒体则可以在同一时间内进行视听输入;更可以调动和启发学生积极思考,使之前以听教师讲解获取知识的主要学习方式,转为眼睛看、耳朵听、脑袋想结合的学习方式。总之,在课堂上运用多媒体技术,教师可以轻松兼顾多方面的教学。

通过多媒体的使用,教师可以省下板书的时间来增加新知识的传授,同样的上课时间,却能让学生有更多的时间做练习,达到巩固和吸收的目的。

多媒体教学可以辅助实现重点和难点知识的呈现,提高课堂学习效果。此外,随着信息社会的发展,学生不仅要学习课本上的知识,还要学习很多课外知识,教师就可以借助网络查找和下载相关的知识,补充书本的不足。

这种大密度、高效率的多媒体教学弥补了传统课堂教学的不足,教师只要操作鼠标,学生就可以在短时间内看到课本知识的一个由浅入深的展示,在播放过程中,教师可以视学生的接受程度,把握它的速度和停顿,必要的时候还可以回放。教师不需要再看着课本读,他们有了更多的时间来观察学生的学习状态和效果,能及时发现问题,进而解决问题。

(四)优良的环境提升了学习质量

多媒体技术的运用能够为学生的学习创造优质的环境,有助于提高教师的教学水平和学生的学习质量。

1.电视、录像可以创设逼真的言语交际情境

电视、录像以声、画结合的动态方式传递语言信息和非语言交际信息。将视频运用于英语听说的训练中,能为学生创设与对

话配套的逼真情境气氛,学生会有身临其境之感,从而培养出语言情感,突破开口的心理障碍。栩栩如生的画面把同学们带入故事情境,使他们能感受情境中的内容和情感,进而激发他们的兴趣,集中注意力,跟着知识内容反复模仿句型、对话。经过一段反复的模仿之后,学生熟练了,就可以把原来电视、录像中的声音取消,让学生自己根据情境给人物配音。这对激发学生的参与性,培养学生的听说能力十分有利。

2.多媒体课件能有效促进英语思维能力的提高

在多媒体英语课堂上,教师会使用图片、视频、动画等将课本上静态的知识融入动态的情境,这很容易调动学生的兴趣,对培养学生的观察力和想象力也很有帮助。教师可以循序渐进、由易到难地呈现英语知识,这一过程也是学生观察事物、分析事物的过程。这种不停地切换画面的多媒体教学,可以帮助学生根据印象深刻的直观知识画面以及丰富的实例,来培养抽象逻辑思维能力。因此,多媒体辅助英语教学为学生语言学习创造了一个优越的环境。

三、多媒体技术对学生与教师的影响

(一)多媒体技术促使学生地位发生转变

多媒体技术在小学英语教学中的运用深刻地影响了小学英语教学的发展,它将重新定义学校、教师和学生。在今后,学生学习的主要途径不再只是依靠教师的讲授,传统的接受式学习方式被打破。取而代之的将是全新的学习过程,也就是"以学生为中心"的学习方式,学生以多媒体为中介,在教师的引导下完成个性化发现式学习,具体如图8-1所示。

第八章　小学英语教学中多媒体技术的应用

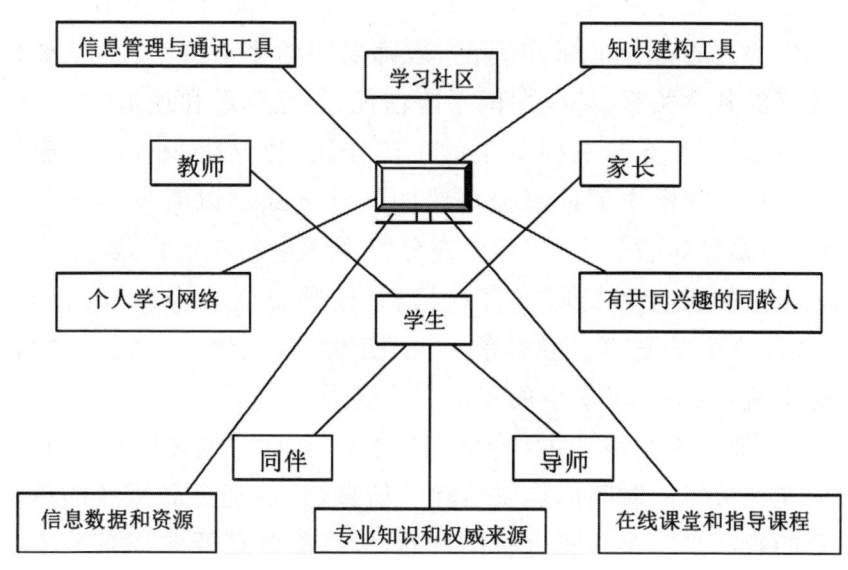

图 8-1　"以学生为中心"学习网络

（资料来源：杨文静，2015）

（二）多媒体技术对英语教师提出了新的要求

多媒体技术以其自身的特点与优势，对小学英语教学质量和效率的提高起着重要作用，得到了广大英语教师的青睐。但是这种全新的教学模式也对英语教学提出了更高的要求，具体要求总结如下。

1. 更新教学观念

多媒体教学将传统的"填鸭式"被动教育转变为创新式主动求知教育，对英语教学起到了重要的作用。如此创新的教学方式对教师的素质也提出了新的要求，具体如下所述。

（1）教师要转变身份。教师要由传统教学中的知识灌输者转变成学生学习知识的传播者、引导者，并将教学当作促进学生发展的活动。教师要摒弃传统的教育观念，塑造新的教育理念，积极提升自身素质。教师不能再将完成教学任务、提高学生卷面分数作为目标，要在多媒体的帮助下为学生创造良好的学习氛围，为学生创造充分展现自身才能的机会,充分发展学生的个性。每位学生的内心都是非常丰富的,教师要想学生敞开心扉,就要建立良好的师生关系,师生之间平等信任,相互尊重和理解。

(2)教师要充分发挥学生的主体作用,让学生积极参与教学活动。传统教学中那种唱独角戏的教学方式难以激发学生的积极性,在多媒体教学中,教师要充分发挥学生的积极性,给予学生发表言论的机会和畅所欲言的权利;教师要当一个认真的倾听者,关注学生的发言。教师的一元化改为多元化,加强了师生之间的交流,也培养了学生的英语表达能力。

(3)教师要由专业的"专才"转化为全面的"通才"。[①] 多媒体教学能在极短的时间内提供浩瀚的信息,只通晓自己所教的单一学科的教师是很难驾驭这些信息的,所以教师还要掌握其他学科的知识,提高自身的知识修养,获得全面发展,从而促进学生全面发展。

2. 提高教学实施能力和组织能力

现在的学生都有着不同的个性和英语水平,这就需要教师具备将教学实践与学生的实际情况结合起来的能力,积极开发适合学生的课件。就这一点而言,教师必须掌握现代化教育技术才能熟练制作教学课件。因此,教师除了上课之外,还应适当地投入一些时间与精力在教育科研上以及教学软件的编制设计上,尝试去开拓多媒体教学空间。在课件制作过程中教师也要注意学生的实际情况和丰富的个性特点,及学生各阶段的身心发展的特点,只有考虑了学生不同的实际接受能力,再有机地结合教学大纲的统一要求,才能在最大程度上实现教学目标。教师应全方位提升自己的专业能力和开发、处理网络资源的能力,熟练掌握信息技术,最大限度地发挥现代信息技术的作用,进而培养学生的

---

① 李解人.高校英语教师如何更好地适应多媒体教学环境[J].科学之友,2009,(9):143.

第八章　小学英语教学中多媒体技术的应用

自主学习能力。

教师精心制作课件,目的是上好一堂课。要实现这一目的,教师不仅要有良好的语言能力,还要运用有效的教学方法。可以说,运用多媒体是改善教学环境、提升教学质量的好方法。但如果教师只是通过多媒体罗列知识,而没有引导学生如何使用这些知识,也是起不到应有的作用的。首先,教师应创设丰富多彩的教学情境,充分激发学生的学习兴趣。其次,教师应尽量将当前学习的知识点与已经学的知识建立过渡联系,借助多媒体帮助学生将未知知识转化为已知知识,实现新知识的认识。再次,教师要引导学生为自己设定学习目标,指导学生选择适合自己的学习策略,使学生养成受益终生的良好学习习惯,使学生高效地学习。最后,教师要指导学生合理利用学校资源,使学生学会在网络上找到自己想要的信息,并正确筛选与合理利用这些信息,从而达到学习目标。可见,要做到这些,教师必须提高自身素质,并将自己的角色由课堂讲授者转变为教学组织者和引导者。

3.加强合作精神和学习能力

在传统的英语教学中,教师总是孤军奋战,一个人要解决课堂上所有的问题,教师之间也甚少交流,课件也成了私有之物。在多媒体教学中,由于网络和计算机的支持,教师各自的小圈子被打破,实现了教学合作与交流。无论是同校的还是不同区域学校的教师之间都能够相互学习,相互吸取经验,弥补自己的不足。通过网络,各学校、区域的英语教师都能建立合作课题,真正发挥集体力量,攻克教学难点,可见网络合作学习也是一种重要的能力。当教师有了合作精神和合作能力,才能取长补短,为自己的教学源源不断地注入新的活力,使自己的教学做到精益求精。社会在瞬息万变中发展,知识也在不断地更新,教师要想跟上这个变化的时代,就必须树立一个终身学习的观念。

英语教师常常将自己定位为教学实践者,而忽视了对教学理论的学习。实际上,教师素质的提高离不开对教学理论的学习。

教师除了进行教学实践之外，还应适当关注一些教育专题讨论，了解英语教学的最新发展动向，从而更新教学知识和理念。多媒体教学实际上并没有减轻教师的任务，相反更需要教师提升自己的学习能力，这种学习其实也是教学活动中的重要组成部分，这样不但能给学生树立好的学习榜样，也能使自己跟上社会发展的步伐。

总体而言，为了适应时代的发展需求和英语教学的要求，多媒体教学要求每一位英语教师都要更新教学理念，提高教学组织和实施能力，加强合作精神和自身学习能力，从而成为一名合格的英语教师。

第二节　多媒体技术在小学英语教学中的应用

毫无疑问，将多媒体技术应用于小学英语教学，无论对教师的教学效果和学生的学习效果而言都意义显著。所以，在具体的小学英语教学中，英语教师应根据具体情况恰当地运用多媒体技术，有效提高教学质量和学生的学习效率。但不可否认，多媒体在小学英语教学中的具体运用过程中也出现了各种问题，这就需要教师和学生共同面对和解决这些问题，从而将多媒体技术的作用发挥到最大，提高多媒体技术在教学应用中的有效性。

一、多媒体技术在小学英语教学应用中存在的问题

（一）多媒体教学内容存在的问题

1. 课件信息量过大，学生难以消化

上文提到，多媒体教学可以一次性提供很大的信息量，这既是多媒体教学的优点，也给学生造成了一定的压力，尤其是基础

第八章　小学英语教学中多媒体技术的应用

较差的学生会感觉压力极大。为了解决传统教学知识容量小、节奏慢、效率低等问题，与教学活动相配套的学习光盘和制作的课件内容繁多，在有限时间内传达的信息量很大，这不仅不能突出重点和难点，而且留给学生的时间不多，大量信息充斥学生的大脑、挑战学生的神经，学生来不及思考、理解，更来不及做笔记和内化吸收，结果是教师讲得口干舌燥，学生听得头昏脑胀。这种看似大容量、快节奏的课堂教学，实际上并未达到预期的教学效果。

2.图片影像过多，分散了学生的注意力

多媒体教学中的图片影像虽然直观清晰，但很可能会分散学生的注意力，使学生难以集中精神。为了满足学生的视、听感官需求，激发学生的兴趣，活跃课堂气氛，很多教师在制作课件时集声音、图像、文字等多种信息于一体，造成大量无效信息泛滥，既分散了学生的注意力，影响了教学目标的实现，又占用了学生在课堂上练习口语的宝贵时间，英语课几乎成了多媒体课件的展示课。这样就无法起到多媒体教学应有的作用。

（二）多媒体教学应用中存在的问题

1.人机对话代替师生交流

在多媒体教学中，有些教师过于依赖多媒体，注重人机对话，甚至对学生的表扬都用语音软件发音或者简单的文字表示。可以想象这样的课堂是毫无激情的，教学活动也仅仅是一个简单的信息传输系统。

2.视听泛滥，代替语言交流

多媒体课件可以全方位满足学生视听等各种感官需求，学生对多媒体课兴趣倍增，引得很多教师在课堂上投入大量吸引视觉、听觉方面的信息。但是，这方面信息的泛滥会使学生花大量时间去"欣赏"音像,学生慢慢地习惯了被动接受信息,就可能失去了积极思考的能力。

3.多媒体示范,代替学生情景实践

运用多媒体技术可以有效模拟一些交际情景对话,同时可供学生观看,直观而形象。但是,由于教师运用多媒体包办学生的亲身体验,忽略了学生的实践能力,不但隐蔽了学生语言运用中的各种问题,而且不利于学生开口说英语。

4.多媒体模式逼真,代替学生思维

很多学生认为,多媒体教学并没有给他们留下充足的思考问题的时间,思维总是被教师牵着走。多媒体模拟十分逼真,这使得学生失去了思考的能力,也逐渐变得懒惰。教师在下载或制作课件时,往往不是真正以学生为主体,而是以先进的方式剥夺了学生通过自己的想象获得形象的过程,学生的思维能力很难得到锻炼和提升。

(三)多媒体课件制作中存在的问题

1.现有的课件材料不合适

在现在的英语教学中,教学缺乏资源共享,而且教材配套的资源内容太过简单,对学生没有吸引力。在多媒体教学中,教师的课件主要依赖自己的制作,费时费力,因此借助网络成了他们的捷径,他们需要挖空心思进行网络搜集,花了大部分时间形成了一个优秀课件,也只能用于一堂课。而如果学校和教师之间互帮互助,实现资源共享,可以节省教师的精力。

2.制作师生喜爱的课件十分烦琐

制作一份受学生喜爱的课件是件十分烦琐的事,大部分教师都要在一堂多媒体课件上花费很多时间,只有少数教学经验丰

第八章　小学英语教学中多媒体技术的应用

富、电脑水平较高、网络资源积累深厚的教师能用较少的时间完成课件制作。所以，对于多媒体技术辅助的英语教学，教师非但没有趋之若鹜，反而感到工作上增添了额外的负担，如此导致他们在平时的课堂教学中尽可能地避开多媒体教学的使用。这样，多媒体教学流于形式，取得的实际效果也不如预期。

二、多媒体技术在小学英语教学中应用的策略

（一）解决课堂容量大和学生接受的矛盾

1. 选择恰当的教学媒体

即便教学媒体相同，但作用于不同的教学内容时，教学效果也是不一样的。反过来，不同的教学媒体作用于同一教学内容，教学效果也是不同的。所以，在教学中要讲究多种教学媒体的协调使用。具体而言，在教学过程中，教师要将教学挂图、课堂板书、模型、演示等教学媒体协调穿插在教学过程中，这样才能让它们发挥各自的作用，从而提高教学效果。传统教学中许多教师的板书清晰、漂亮、整洁，多媒体教学中电脑的演示逼真、动感十足、极具吸引力，它们对课堂教学都具有独特的魅力。在课堂教学中把多种相应的教学媒体都运用进来，就要注意以不同的教学对象、教学目标、教学内容等为依据，科学地、合理地、适时地选用所需媒体。安德森的教学媒体选择流程图为教师选择合适的媒体提供了思路，如图8-2所示。

2. 和谐展示教学重点、难点

在多媒体教学中，并不是资料越多越好，而是要通过"和谐展示"，让学生能在充满现代化教学的环境下，真正体验科学技术给学习带来的欢乐，这样才更有感染力、说服力。这就要求教师在备课时深挖教材，读懂大纲和教学目标，根据教材的内容挖掘出

知识点之间内在的联系,把学生不易掌握、理解困难的知识点通过制作多媒体课件来实现。总之,要交替教学方式与多媒体教学恰当地结合,在师生不间断的互动中完成教与学,体现老师是主导,学生是主体的教学理念,这样就会解决课堂容量大和学生接受之间的矛盾。

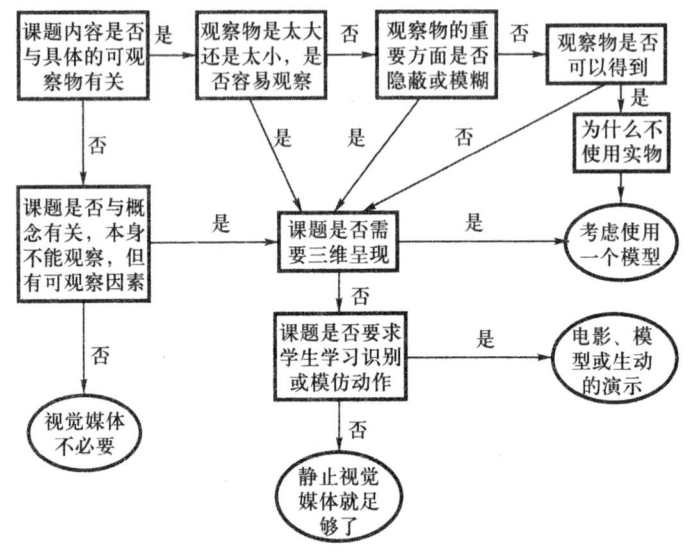

图 8-2 教学媒体选择流程

(资料来源:陈冬花,2105)

(二)抓住最佳展示作用点和作用时间

多媒体技术在教学中的运用,可以将教学内容中的声、像、色、光完美整合,形成令人印象深刻的视听效果,使枯燥的教学变得直观生动。但是教师在设计多媒体课件时,过于注重吸引学生的视听注意力,而忽视了教学内容,进而偏离教材,喧宾夺主。对此,在多媒体教学中应抓住多媒体的最佳作用点和作用时间,从而将多媒体教学独有的魅力彻底释放出来。

1.创设情景,激发兴趣

在教学中永远流行这样一句话:"兴趣是最好的老师。"因此,

第八章　小学英语教学中多媒体技术的应用

教师为了调动学生的积极性,都会努力激发学生的学习兴趣。但兴趣是需要在适当的条件下才能激起的。而多媒体课件无论从它的直观性、生动性还是创新性、新颖性来说,都能有效调动学生的注意力,使他们的学习兴趣增强。在多媒体课件的影响下,学生的学习变被动为主动,当学生产生了学习兴趣之后,教师可以围绕这个兴趣点进行提问,组织学生讨论,鼓励学生寻找问题和解决答案。这就是一种良性循环,不仅发挥了多媒体的作用,也培养了学生主动探究学习的能力。

2.拓展教学内容,贴近学生生活

在课堂教学中,如果教师不停地灌输那些枯燥的知识,相信没有学生会愿意听,学习效果也不可能会好。这时教师应适当地运用多媒体向学生传输一些与生活密切相关的知识。例如,在学习关于美国这一国家的内容时,为了鼓励学生用尽可能多的形容词来描述美国,使课堂气氛活跃起来,教师就可以运用一些相关的图片,来引发学生讨论。这些图片颜色鲜艳,而且也是学生日常生活中感兴趣的话题,因此能激发学生的积极性,同时能扩充学生的知识面。

(三)开展故事教学模式

小学生活泼好动,让他们集中精力学习是比较困难的,因此教师可以采用故事教学的方式来培养他们的英语能力。具体而言,教师在教授英语知识时,可以借助多媒体引入故事,激发学生的兴趣,使学生愿意接受新知识,同时通过英语故事的穿插,丰富学生的视野,提高学生的综合素质,为学生的未来发展奠定基础。

1.选择故事

故事的选择是否恰当,直接影响着教学的效果。好的故事可以成为教师和学生良好的话题切入点,如《小红帽》《三只小猪》等有趣的童话故事可在极大程度上提升学生对英语学习的热情。

在选择故事时,教师要充分考虑学生的年龄特征,选择适合学生年龄并为其熟知的故事。此外,教师要考虑故事涉及的词语学生是否理解,如果故事中的词语和语法太过复杂,将难以达到预期的教学效果。

2.故事教学中多媒体的应用

故事教学可以使复杂的语言教学变得简单易懂,便于学生更快地掌握英语知识。在开展故事教学时,教师要做适当的铺垫,对故事的背景进行简要讲解,减少学生学习的障碍。例如,讲解《小红帽》的故事时,教师要让学生对这个故事有大致的了解,这样才能使学生猜测语言所表达的真实含义。在具体讲解时,教师可以利用多媒体进行播放,通过画面的展示让学生了解其中的时间、地点等因素,帮助学生更好地理解故事,并强化学生的听力能力。此外,教师可以向学生提问,让学生讨论和猜测某些情节,充分发挥学生的主体作用。教师还可以鼓励学生对故事进行复述和翻译,从而厘清故事的发展顺序,掌握其中的知识点。

3.故事表演

要想知道学生对故事教学的接受程度如何,可以通过故事表演来加以检测。教师可以根据学生的不同情况采用不同的表演形式。对于学习有困难的学生,教师可以让他们富有感情地朗读故事;对于学习能力较强的学生,教师可以让他们背诵并表演。此外,教师可以让学生改编故事,学生可以大胆地想象,并通过多媒体进行展示,这能有效提高学生的表达能力和创造能力。

(四)制作优秀的多媒体课件

1.备课构思为先,课件制作为后

对于课件和备课,要有一个正确的认识,即课件不能代替备课,要以备课构思为先,课件制作为后。课件是教师备课的最优

第八章　小学英语教学中多媒体技术的应用

体现,多媒体仅是辅助课堂教学、优化教学效果、增加课堂容量、替代教师部分繁重劳动的手段。因此,必须先研究教材,多媒体课件设计应符合课程教学大纲的要求,课件内容的选择应与课程教学目的、教学内容相适应,与使用教材相关联。这样才能做到心中有数,制作也会快很多。课件制作的一般程序是:掌握技术、研究教材、备课构思、收集资料、编辑合成、放映修改。

此外,课堂的结束并不代表课件使命的完成。教师在课后应广泛听取学生的意见,增强课件的交互性,提高课件的通用性。年级不同、学生不同,其接受能力也不相同,相同的课件在不同的班级会有不同的反响。这就需要教师在制作课件时认真分析教学目标、教学内容、不同层次学生的需求等,增强对人机交互的控制,在课件使用之后对其加以修改和完善,从而保证课件的通用性,使之成为真正辅助教学的工具。

2. 确定课件重点,避免重复教材

有些教师在制作课件时常将教材里的一些例题或练习搬入其中,这实际上是没有必要的,既影响学生学习效果,又浪费时间。课件应明确重点,避免重复教材中的内容。

3. 教学策略为主,课件容量得当

很多教师在课件制作时只考虑形式和内容,而忽略了教学策略。教学策略是为完成教学目标而对教学活动程序、方法、形式和媒体等因素的总体考虑。在计算机辅助教学中,教学策略起核心作用。对于教学策略应重点考虑三个要素:适时、适度、适当。"适时"就是运用多媒体时要选择最有利于学生掌握教学要点,并使教学达到最佳效果的时机。"适当"就是多媒体要用在"精彩"之处,也就是用在激发学生学习兴趣、强化记忆效果之处,突出重点、突破难点之处,用在有利于学生内化教学内容之处。"适度"就是多媒体的运用要做到既不喧宾夺主地滥用,也不因噎废食草草收场。

总体而言,在小学英语教学中,教师应充分了解多媒体技术的特点和优势,并有效掌握多媒体技术,同时根据教学目标、教学内容、教学对象等选择和恰当运用多媒体教学,充分发挥多媒体教学的魅力,提高小学英语教学的质量,培养学生的英语能力。

第九章 小学英语教学评价

评价是教学目标得以实施的保证,评价的内容与形式的选择将对教学与学习产生直接的影响。《标准》指出:"评价是英语课程的重要组成部分。科学的评价体系是实现课程目标的重要保障。"因此,小学阶段如何开展学习评价?如何通过评价促进儿童的学习?如何对儿童的英语能力展开评价?这不是通过考试就能够解决的问题,而是每一位教师在开展教学时都应该思考的问题。因此,本章就对小学英语教学评价展开分析和研究。

第一节 小学英语教学评价的形式

对于小学英语教学而言,评价的方式有很多种,有直接的评价,也有间接的评价;有开放的评价,也有封闭的评价;有作答的评价,也有择答的评价。不同的评价方式有不同的功能。这里主要从准备性评价、终结性评价、形成性评价这一分类标准来论述小学英语教学评价的形式。下面首先分析一些相关的定义,以便让读者更好地了解评价及评价的相关知识。

一、评价概述

评价在人们的社会活动中广泛存在。有人认为:"评价是确定课程能否达到既定目标的一种手段。"①也有人认为:"评价是运用不同的渠道,对学生的相关资料加以收集,并且将这些收集的资料与预定的标准相比较,进而做出判断与决策的过程。"②还有人认为:"评价是对相关信息进行收集、综合、分析,从而用这些信息促进课程的发展,对课程的效度、参与者的态度进行评定。"③

但是,更多的人将评价等同于价值判断。就英语的教与学来说,评价指的是学生能否达到某项能力,学生能否实现课程目标,教师的教学与学生的学习能否帮助学生实现既定目标的一种判断手段。

由于评价的方式、内容等存在明显的差异,因此对评价的划分也有所不同,具体而言可以划分为如下几种。

(1)形成性评价与终结性评价。所谓形成性评价,即在教与学的过程中,通过对信息进行收集与整合,进而促进教与学的发展。简单来说,形成性评价即在教学过程中,教师与学生获得反馈信息,对教与学加以改进,让学生真正地掌握知识的系统评价手段。一般来说,形成性评价具有如下几个特点。

其一,往往作为教与学的一部分而在教与学的过程中呈现。

其二,不是将等级划分作为目标,而主要将指导、诊断、促进等作为目标。

其三,学生往往充当主体的作用参与其中。

其四,评价的依据是在各个情境下学生的表现。

其五,通过有效的反馈,教师确定学生的水平是否达到了预期目标。

相比之下,所谓终结性评价,是一种对教师的教学与学生的学习结果的评价,是在教学结束之后,对教与学的目标实现程度

---

① B. Tuckman. *Evaluating Instructional Programs*[M]. Boston: Allyn & Bason Inc. ,1979:1.

② K. Montgomery. *Authentic Assessment:A Guide for Elementary Teachers*[M]. Beijing:China Light Industry Press,2004:8.

③ 李雁冰.课程评价论[M].上海:上海教育出版社,2002:113.

第九章 小学英语教学评价

所进行的评价。① 因此,其又可以称为"总结性评价"。从定义中可以看出,终结性评价往往出现在教与学结束之后,用于对目标达成情况进行的评价。因此,这一评价方式有时可以等同于之后要讲述的目标达成评价。

(2)表现性评价与真实性评价。所谓表现性评价,是指让学生通过完成某一项或者某几项任务,将自身所掌握的知识与技能表现出来,从而对其获得的成就进行评价。② 简单来说,表现性评价就是通过对学生完成任务的表现情况及获得的成就进行的评价。表现性评价属于一种发展性评价,其核心在于通过学生完成现实的任务,将自身所掌握的知识与技能展现出来,从而促进自身学习的进一步发展。一般来说,表现性评价具有如下几点特征。

其一,属于教学过程的一部分,其要与课程教学相互整合。

其二,其关注的是学生知识与技能的发展,而不是对知识与技能的再次确认与回忆。

其三,一般情境都是真实的,往往需要学生对现实学习中遇到的问题进行解决。

其四,学生需要完成的任务一般较为复杂,往往需要学生将多个学科的知识与技能相融合。

其五,对于学生的发散性思维是非常鼓励的,也允许不同的学生给出不同的答案。

其六,其是形成性评价与终结性评价的结合。

综合来说,表现性评价有助于对学生的学习过程与学习结果展开更真实、更直接的评价,能够将学生的文字、口头等表达能力以及想象力、应变能力等很好地展示出来,因此对于英语教学是非常适用的。

---

① 鲁子问,王笃勤.新编英语教学论[M].上海:华东师范大学出版社,2006:215.

② 魏亚琴.新课程下学生评价方式的变革——浅谈表现性评价[J].辽宁教育行政学院学报,2004,(11):63-64.

所谓真实性评价,是指基于真实的语境,对学生的表现进行评价,是一种要求学生完成真实任务之后,对自身所学知识与技能的掌握与运用情况进行的评价。与表现性评价相比,真实性评价更加强调真实,即任务的真实,一般来说其任务都是人们现实生活中遇到的问题。

真实性评价也具有表现性评价的那些特征,是表现性评价的一大目标。由于真实性评价要求评价成为教学过程的一个重要组成部分,因此真实性评价也具有形成性评价的特征。同时,真实性评价又注重任务的整体性与情境性,对终结性测试有很大的影响,因此真实性评价又具有了终结性评价的特征。可以说,真实性评价融合了多种评价手段,是多种有效评价手段的结合。

(3)过程性评价与目标达成评价。所谓过程性评价,即在学习过程中,对学生的学习活动进行评价与判断,目的在于将学生的学习行为能否与学习目的相符解释出来,并且用于评判学生能否实现学习目标。评价的内容包含学习策略、阶段性成果、学习方式等。

目标达成评价既可以是对课堂教学目标达成情况的评价,也可以是对单元学习目标达成情况的评价,还可以是对学期教与学目标达成情况的评价,其包含理解类、知识类与应用类三种目标达成评价方式。

理解类目标评价方式表现为解释与转化,往往会采用阅读理解、听力理解等方式,或对阅读文本、听力文本进行选择与匹配等。

知识类目标评价方式主要表现为对知识掌握情况的评价,并且采用再次确认的方式,一般选择填空都属于这类评价方式。

应用类目标评价方式即采用输出表达的方法,要求学生根据阅读与听力材料,进行转述或表达。

二、小学英语教学评价的基本内涵

教学评价是根据教学目标,按照一定的教学标准、运用可行的教学方法,对教学活动、教学要素、教学结果展开测量,并且给予价值判断的过程。因此,教学评价一般包含如下内涵。

(1)基于一定的标准。作为一名小学英语教师,要想实施教学评价,首先要领会教育部颁发的《标准》。

(2)采用科学的评价方法与手段。

(3)是一种价值判断的过程,并且为教学目标服务。

(4)教学评价的对象包含教学目标、学生学习状况、教学效果、课堂管理等。在小学英语教学中,还可以对教师设计的听、说、读、写等环节的教学效果进行评价。

三、小学英语教学评价的基本形式

(一)准备性评价

准备性评价又可以称为"诊断性评价""教学性评价",指基于某项教学活动,对学生的知识、技能、情感等进行的预测。通过这一预测,可以对学生的准备情况、知识基础有所了解,从而判断他们能否实现当前的教学目标所要求的学习条件,从而便于设计教学内容。准备性评价对于实施因材施教是非常重要的依据,是实现以学生为中心的教学过程与设计的前提。

1.准备性评价的方式

准备性评价是在教学活动展开之前,为鉴定学生的学习准备程度而展开的测定性评价,其为教学计划的有效实施提供参考。一般来说,准备性评价在课程、学期、学年等开始之前展开评价,其评价的内容包含对已有知识能力的评价、对新教学内容的准备情况的评价。一般来说,准备性评价的方式有三种。

(1)摸底测试。这一准备性评价方式一般在学期开始之前,教师可以根据上一学期学生的学习情况与目标,结合本人的测试目的设计试卷。通过摸底，教师可以对学生的基本语言知识水平与技能水平有所了解。摸底测试可以为教师下一阶段的教学提供依据。例如：

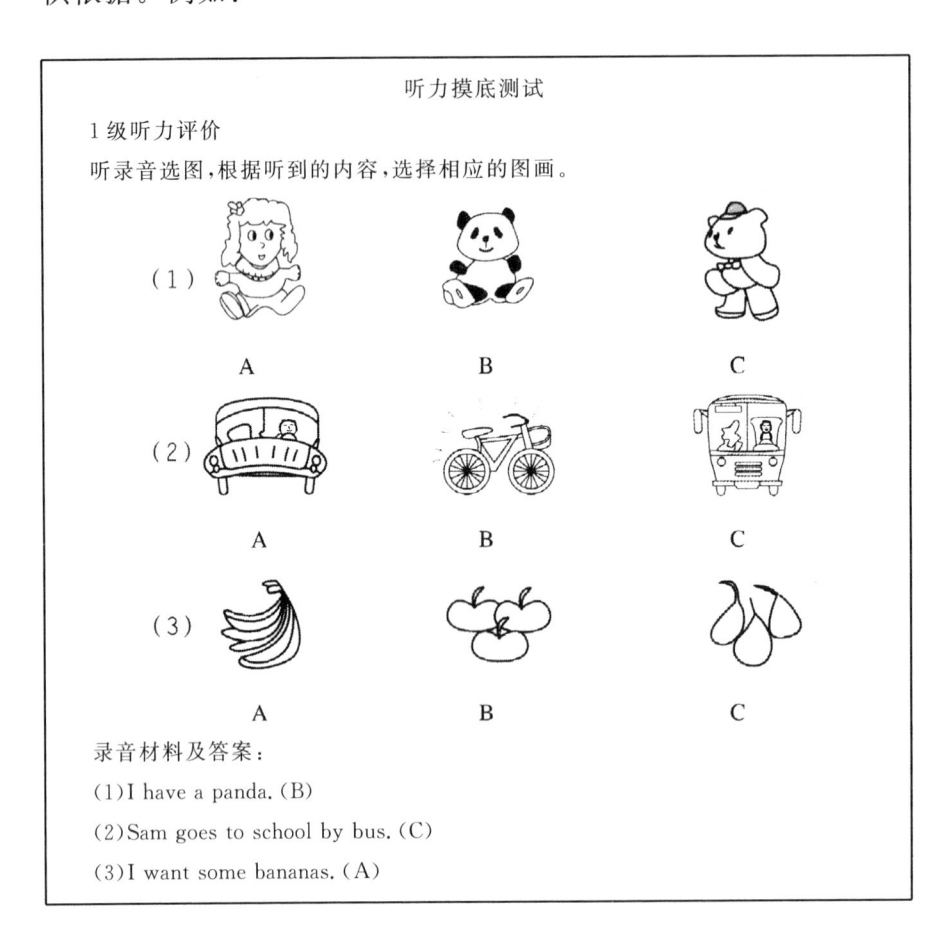

听力摸底测试

1级听力评价

听录音选图，根据听到的内容，选择相应的图画。

(1) A　　　　B　　　　C

(2) A　　　　B　　　　C

(3) A　　　　B　　　　C

录音材料及答案：
(1) I have a panda. (B)
(2) Sam goes to school by bus. (C)
(3) I want some bananas. (A)

这一案例主要考查的是学生能否根据听到的词句对图片进行正确的指认，与一级目标中关于"听、做"的要求是相契合的。这一案例的选项采用的并不是文字形式，而是图片形式，可以减轻小学生的阅读负担，从而更好地实现测试的目的。

(2)问卷调查。问卷调查是为了对学生的学习风格与态度进行了解，也是一种准备性评价方式。从评价的目的出发，教师可以有针对性地设计不同的问卷。需要指明的是，教师设计的调查问卷应该与小学生的认知水平、生活经历等相契合。

第九章 小学英语教学评价

(3)观察。观察指对学生的课堂表现的观察,教师可以观察学生的课堂提问情况、小组活动情况等,从而评判学生的学习风格与态度,判断学生的能力水平与学习现状,为教师下一步的教学设计提供参考。

在小学英语教学中,准备性评价多在教师的学情分析中加以体现。教师可以根据评价结果设计满足不同水平、不同学习风格的学生的教学方案,从而将学生置于最有利的教学程序中。

2. 准备性评价设计的基本要求

在准备性评价的设计中,为了保证评价结果的准确性,更好地为教学过程服务,需要做到以下两点。

其一,要具有目的性与计划性。也就是说,准备性评价的内容一定要提前考虑好,并且做到与本学期的学习内容相关,为教学目标的顺利完成服务。例如,针对教学要求,先设计哪些评价内容?评价的具体目标是什么?从哪些学生入手进行评价?这些问题都需要提前准备与安排好。

其二,要具有灵活性与趣味性。也就是说,教师在开展准备性评价前,应该考虑采用什么样的评价手段。教师可以将问卷、观察、摸底测试等综合起来使用。当然,在设计时也需要考虑趣味性,从而将学生的求知欲激发出来,获取客观的评价结果。

(二)终结性评价

所谓终结性评价,是指在某一个相对完整的教学阶段结束之后,对整个教学目标、学生在这一阶段的学习结果进行的评价。小学英语教学中的终结性评价主要测试的是学生综合语言运用能力的发展情况。

1. 终结性评价的方式

如前所述,终结性评价是在某一个阶段结束后,对学生学习结果展开的评价,如毕业考试、期末考试都是终结性评价。终结性评价与后面讲到的形成性评价有很多相似的地方,但是在评价时机、对评价结构的解读等层面存在着明显的差异。一般来说,终结性评价主要是为了验收成果。下面简单研究每一项技能的具体评价方式。

(1)听力能力评价。在学生的语言能力中,听力能力是重要的组成部分,是学生进行语言交际的重要基础。听力能力评价主要是对学生的听力水平进行评价,着重考查的是学生对信息的捕捉与获取能力。

小学英语听力测试的题型主要有听录音排顺序、听录音涂颜色、听录音写单词等。例如:

听力测试

听录音,涂颜色。根据听到的英语,给下面的图画涂上相应的颜色。

录音材料:

This is Mary. She wears a red cap and a yellow coat. Her trousers are green. Her shoes are brown. Look at her school bag. It is blue.

这一案例考查的是学生通过听音、看图对服装与颜色词汇的意义加以辨认,再动手涂颜色。这与二级目标对小学生听力能力的要求是相契合的,并且其形式也非常活泼,与日常生活接近,是小学生喜欢的方式之一。

在小学英语听力评价中,教师除了要对学生在测试中的正确率加以关注外,还要对学生在这些活动中的表现进行关注,如听音的次数、反应速度等,这些信息有助于教师全面了解学生的听力学习情况。

第九章 小学英语教学评价

(2)口语能力评价。口语技能在学生的学习与交往中发挥着十分重要的作用。在小学英语学习中,口语不仅是学习的内容,而且是学习的手段。对听到的对话进行模仿、对课文进行朗读、将歌曲与歌剧表演出来、看图片讲一个故事等都是小学阶段口语评价的方式。

口语评价的主要组织形式有三种:单人口试、双人口试、小组口试。单人口试是一对一的考核,即一名教师对一名学生;双人口试是两名学生组成一组进行口头交际,教师根据两名学生的表现进行评价;小组口试由多名学生参加,可能是对话,也可能是角色扮演等,教师通过观察进行评分。例如:

口语测试

根据以下图片,给你的朋友讲一讲下面的故事。

(1) asked… to…   (2) ran to…

上述案例采用的是学生喜欢的讲故事的形式,情节比较幽默、连贯,能够考查学生的思考、理解能力与语言表达能力。

在小学英语口语评价的设计中,教师要采用灵活的评价形式,注意对评价的标准予以把握,并且根据这一标准,采用恰当的形式对学生的口语活动表现进行记录,这样才能更好地教学。

(3)读、写能力评价。语言技能包含听、说、读、写,以及对这些技能的综合运用。读属于理解,写属于表达。读、写能力评价主要考查的是学生能否借助图片读懂小短文、理解故事、看图写话等。例如:

> 写作评价
>
> 仿照范例,看图写话。
>
> This is a cat.　　　　This is a monkey.
>
> It's my pet.
> Her name is Lylie.
> She likes fish.
> I like her very much.

这一方案与一级水平相契合,考查的是学生看图写话的能力。

2.终结性评价设计的基本要求

终结性评价主要是对学生语言运用能力的考查其形式包括听力测试、口语测试、笔试等。在笔试中,教师应采用多种具有表现性、综合性的评价手段,设计主客观题型要合理,确保获得有效与客观的评价结果。一般来说,终结性评价设计主要有三大要求。

其一,终结性评价的设计应该将语言运用作为出发点,以语言功能的考查为主,将知识与技能相结合,着重考查学生在具体语境中的语言运用能力,其中也渗透对学生学习策略、学习态度等的考查。

其二,从教学阶段性目标入手对评价内容与评价形式进行确定,涉及听、说、读、写各个部分,从语言运用的角度命题,而不是单纯地从知识点的角度来命题,着眼于对四项基本技能的考查。

其三,试题的内容要与小学生的实际生活情境相贴合,考题要做到图文并茂,避免与语境相脱离。

第九章　小学英语教学评价

(三)形成性评价

《标准》指出,形成性评价是日常教学中由师生共同参与并实施的评价手段,其首要目的在于促进学生的学习,核心在于通过不同的手段与形式的反馈,为师生提供具体的参考。

小学阶段的英语教学评价应该以形成性评价为主,并且将小学生的认知水平、认识方式等考虑进去,从而激发学生对英语学习的积极性与主动性。

形成性评价的方式有多种,如测试、非测试、教师评价、学生自己评价、同伴互评等。

1.形成性评价的运用

教师在运用形成性评价时,一般会从如下几个层面着手。

(1)评价内容。评价内容考虑的就是评价什么的问题。针对学生在课堂中的表现,一般划分为如下几个层面。

其一,学生语言运用的质量。在小学英语教学评价中,学生语言运用的质量是一个非常重要的方面,教师应该采用恰当的措施,对学生的活动表现资料进行收集,如学生的语言水平、语言量、语言连贯度等。例如:

学生话语表达水平评价

评价内容:对话、朗读、背诵

评价主体:教师、学生

评价方法:课前3分钟按照学号进行课文背诵展示,课堂上教师提问、学生之间互相读与背

评价标准:课前3分钟课文背诵展示,结合背诵的情况,划分为四个等级:A、B、C、D;结合课堂上教师提问时的朗读情况,回答一次加盖一朵红花,以依次递增的形式展开评价;学生之间相互读与背时,根据对方朗读或者背诵的语音语调以及准确度,给对方评价:A+、A、B+、B

其二,学生行为。学生行为主要指的是在课堂上学生参与活动的情况。教师除了要对学生行为的目的性、主动性等进行重点

评价,还需要对学生的行为表现效能进行评价。例如:

> 学生课堂行为评价
> 评价内容:对学生课堂学习表现进行综合评价
> 评价主体:教师、组长
> 评价方法:教师在课堂上对学生的学习情绪、学习态度、课堂表现统计表填写等情况进行观察
> 评价标准:结合听讲情况划分为三个等级:A等,指认真听讲、积极发言;B等,指认真听讲、没有发言;C等,指不认真听讲

其三,学生认知水平。教师应该采用恰当的手段与方法,对学生的思维进程、信息领域情况、资源感受程度等有所了解,并且明确学生对新的语言学习项目的接受程度与敏锐情况。对学生认知水平进行评价,对教学目标的完成情况有着直接的影响,关系着下一步教学内容的设计与安排。例如:

> 学生认知水平评价
> 评价内容:Let's check部分的听力活动
> 评价主体:教师、学生
> 评价方法:听录音,学生独立完成,教师巡视、同桌之间进行核对检查
> 评价标准:能否在听完两遍材料后,准确完成圈选、补全句子的任务

其四,学生的临场机智。课堂教学过程是师生随机构建教学关系的过程。在课堂上,学会学生表现的灵活性、创造性、环境适应性等也属于评价的范畴。例如:

> 学生临场机智的评价
> 评价内容:听、说、吟唱8首歌谣,唱8首歌曲
> 评价主体:教师
> 评价方法:课堂中让学生演唱
> 评价标准:是否能够在音乐的伴奏下,唱出所学的歌,并且做到发音准确、声音优美;是否能够说出所学的chant,保证节奏的准确性

第九章　小学英语教学评价

(2)评价主体。评价主体主要探讨是谁来进行评价的问题。形成性评价在设计时,应该保证评价主体是多元的,可以是教师,可以是学生,也可以是家长。

其一,以教师作为评价的主体,一般采用如下几种形式。

对全班学生进行评价,教师根据全班的表现,发现群体学习的优点与缺点,明确群体学习的总趋势。

对部分学生进行评价,教师根据不同学生的实际表现来进行评价,如优秀的学生是否创造了更为突出的表现,成绩较差的学生是否正在进步等。

对学习小组进行评价,这是教师评价的一个重点,教师应该对不同小组的互动情况、小组的信息沟通、小组的领导能力等进行观察,并且总结不同小组对问题的解决能力等。

对学生个人进行评价,教师通常采用的是个案的形式,对学生学业进展情况的具体表现进行记录。通过这样的记录,教师就可以明确某一位学生的具体学习情况。

其二,以学生作为评价的主体,这样的评价更具有针对性,一般可以采用如下几种形式。

学生自我评价反映的是学生的自我反思能力,有助于促进他们学习水平的提升。在教学过程中,教师应该有计划、有目的地提升学生的反思能力,构建与培育他们的有效评价行为,可以采用自评表的形式,如表9-1所示。

表9-1　自评表

班级_____　姓名_____

学习态度	好	良好	一般	需努力
课前评价				
课后评价				
课堂表现				

注:在相应对话框上打"√"。

(资料来源:陈冬花,2015)

学生与学生之间也可以进行评价,即生生互评,这是一种非常常见的评价方式,可以发生在活动之中,也可以发生在活动之后。

小组内部合作评价是一个难点,学生在课堂上往往不习惯进行合作评价。因此,教师应该有计划、有目的地展开合作评价,如花一些时间在每一节课上引导学生自主管理小组活动、自主实施小组评价等,并且通过学生互评表展现出来,如表 9-2 所示。

表 9-2　学生互评表

班级_____　姓名_____

学习态度	好	良好	一般	需努力
自习				
角色表演				
课文朗读				
语音				

注:在相应对话框上打"√"。

(资料来源:陈冬花,2015)

群体合作要求全班学生的参与与合作。这一评价往往因为参与的人数较多而困难较大。但是,这样的评价对于培养学生的合作能力有着巨大意义。在进行这一评价时,教师可以提前进行周密的规划,准备好评价工具,做好组织与指导。

其三,以家长作为评价的主体,它是在以教师作为评价主体与以学生作为评价主体完成之后进行的评价。一般来说,家庭评价的范畴包含家庭作业、在校课业成果等。另外,学校可以举办大型的活动要求家长来参加,可以是学习汇报或者文艺表演等,并且让家长对学生的表现进行评价。当然,家长参与评价的时候,学校、教师都应该给予指导,避免出现不端正的评价态度,充分发挥好家长评价的作用,并且通过评价表进行展现,如表 9-3 所示。

第九章　小学英语教学评价

表9-3　家长评价表

班级_____　姓名_____

日期/表现	好	良好	一般	需努力
星期一				
星期二				
星期三				
星期四				
星期五				

注:在相应对话框上打"√"。

(资料来源:陈冬花,2015)

(3)评价方式。评价方式是解决如何进行评价的问题。教师在对评价方式进行设计时,必然需要兼顾量化与质化评价。基于这一点,评价的方式应该是多样的,如可以是测试,可以是测量,可以是成长记录袋等。

其一,测试。在日常教学中,测试是非常常见的,这也是准备性评价、终结性评价都有的内容。在形成性评价中的测试应该注意如下几点:把握内容难易度、对测试题型进行精心设计、发挥测试调节与诊断等功能、把握测试的时机、提高设计与实施测试的专业度。表9-4就是一个典型的测试评价表。

表9-4　测试评价表

First, fill in the blanks with the following words.

eating　　　washing　　　happy
studying　　watching　　　watering

It's Sunday today. We are at home. My mother is _____ the dishes in the kitchen.

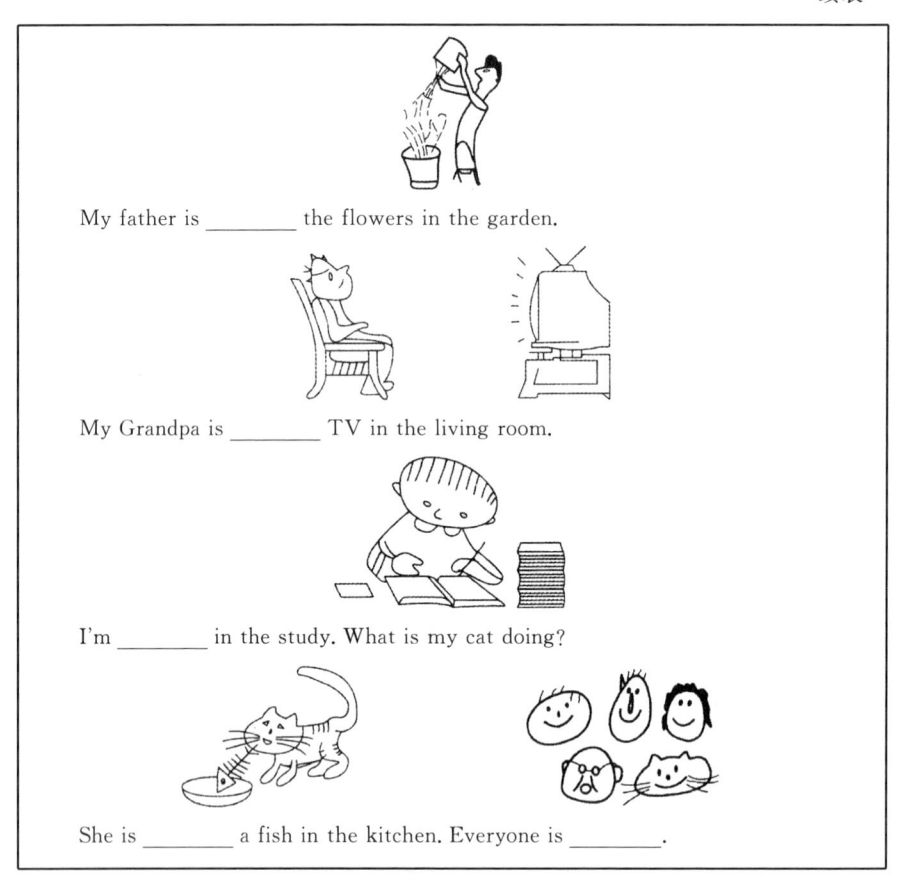

续表

My father is _____ the flowers in the garden.

My Grandpa is _____ TV in the living room.

I'm _____ in the study. What is my cat doing?

She is _____ a fish in the kitchen. Everyone is _____.

（资料来源：陈冬花，2015）

这一案例主要考查学生认图、认词、思考的能力。根据《标准》对二级读、写的要求，做这一系列题型时，学生应从根据图片与短文提示，将对应的单词写出来，这其中也考查了学生对单词的认读与抄写能力。

其二，测量。在教学评价中，测量有着特定的意义。在英语教学中，对态度、情绪、认知等的测量，都对教学效果的改进有重要作用。同时，测量还能帮助学生对自己有全面的了解，这可以通过课堂评价记录表来跟踪与测量。

其三，成长记录袋。这是一种在实践中诞生的学习评价方式，在国外实践中有着几十年的历史。学生成长记录袋是指用来

第九章 小学英语教学评价

展现与学习成绩与持续进步信息相关的一连串的作品、表现的汇集。根据记录的内容可以将记录袋分为两类:成果型记录袋与过程型记录袋。前者主要是对学生的优秀作品进行记录,可以作为终结性评价的一种参考;后者是对学生的问题、草稿、修改稿、最终作品等进行的评价,主要用于调整与监测。

成长记录袋可以作为一种信息来源,让师生把握学生学习的实际情况,促使学生的进一步发展。在对学生进行成长记录袋评价时,要尽量收集能够将学生英语学习进展情况反映出来的资料,教师可以设计一些有代表性的卡片,如进步卡、阶段评价卡、背诵大王卡、助人为乐卡等,如表 9-5 与表 9-6 所示。

表 9-5 进步卡

姓名 班级 日期	成绩
1.学习积极、充满好奇心、敢于尝试	1 2 3 4 5
2.能够与教师交流得更为自然、放松	1 2 3 4 5
3.乐于在小组中与其他同学合作学习	1 2 3 4 5
4.对学习内容、活动中充满兴趣	1 2 3 4 5
5.能够认真完成作业,富有创造力	1 2 3 4 5
6.能够主动了解课堂外的英语现象	1 2 3 4 5

注:1 分最低,5 分最高,每两个星期累计一次。
(资料来源:陈冬花,2015)

表 9-6 阶段评价卡

内容	评价标准	学生自评	小组评价	教师评价
游戏	1.积极主动参与合作,具有较强的应变能力 2.能够主动参与合作,有一定的应变能力 3.不愿意参与合作			
诗歌	1.语音语调基本准确,具有很强的节奏感与韵律感 2.语音语调基本准确,有一定的节奏感与韵律感 3.语音语调不准确,没有节奏感与韵律感			

续表

内容	评价标准	学生自评	小组评价	教师评价
歌曲	1.语音语调准确,并且吐字清晰,富有情感色彩 2.语音语调基本准确,并且吐字清晰,富有感情色彩 3.语音语调不准确,并且吐字不够清晰,也没有感情色彩			
表演	1.能够灵活使用语言材料,在虚拟语境中完成真实的交流 2.能够恰当使用语言材料,在虚拟语境中完成真实交流 3.不能够运用语言材料,也不能够在虚拟语境中完成真实交流			
总分				

注:1记2分,2记1分,3记0分。

(资料来源:陈冬花,2015)

(4)评价工具。在小学英语教学中,使用评价工具能够激发学生的学习兴趣与积极性,提升学生英语学习的效果。下面介绍一些基本的评价工具。

其一,核查表。教师将自己期待的具体行为通过列表的形式展现给学生,以学生为评价主体,可以是学生个体、学生小组等,让学生根据自己的表现在核查表中勾画,如表9-7所示。

表9-7 核查表

姓名	学好	玩、演、唱	课堂作业	家庭作业	背诵默写	小组评比	课堂表现

(资料来源:陈冬花,2015)

其二,评定量表。这种表格是采用数字表示学生的课堂行为

第九章　小学英语教学评价

的等级,如可以使用 5、4、3、2、1 来评定学生的活跃程度,分别代表非常活跃、比较活跃、中等活跃、不够活跃、不活跃,如表 9-8 所示。

表 9-8　评定量表

姓名	课堂表现					课堂表现					课堂表现					课堂表现				
	5	4	3	2	1	5	4	3	2	1	5	4	3	2	1	5	4	3	2	1
A																				
B																				
C																				
D																				
E																				
F																				

注:5 代表非常活跃,4 代表比较活跃,3 代表中等活跃,2 代表不够活跃,1 代表不活跃。

(资料来源:陈冬花,2015)

2.形成性评价设计的基本要求

在制订形成性评价方案时,教师应该根据《标准》所规定的语言知识与技能、学习策略、情感态度、文化意识五个层面来展开,要从小学生的实际情况入手,确定评价标准,选择恰当的方式。具体来说,形成性评价的设计具有如下几点要求。

(1)要考虑学生的年龄特征与心理特点,以及小学生的认知水平,选择合理的评价方式。

(2)根据《标准》的要求,选择评价内容。

第二节　小学英语课堂教学评价

课堂教学评价专门指的是在课堂教学实施过程中,对所出现的客体对象展开的评价,其评价范围涉及教与学两个层面。课堂教学评价有着重要的作用,其不仅可以推进教师的专业发展,还可以促进学生的成长。因此,如何有效地、科学地展开课堂教学评价,成为现代教学的一项重要内容。本节就来具体分析小学英语课堂教学评价。

一、小学英语课堂教学评价的内容

对小学英语课堂教学进行评价主要从三个层面展开。

第一,对教学过程展开评价,主要是对教学过程中构成要素的评价,如教师、学生、教学环境等。

第二,对学生活动展开评价,主要以学生的心理发展作为评价的中心和内容,评判的是学生是否获得了情感、认知等层面的发展。

第三,对教学效果展开评价,其往往评价的是教学结束之后学生的进步情况。其与对教学活动展开评价的区别在于:对学生活动展开评价主要是通过学生的课堂表现来评判的,而对教学效果展开评价主要是通过课堂教学结束之后的测试等手段来评判的。

二、小学英语课堂教学评价的指标体系

小学英语课堂教学评价往往是采用等计量表的形式组成评价指标体系,其中内容包含教学内容、目标、手段、过程、效果等。每一个项目又包含很多小的项目,这种指标体系适合综合评价教师的教学能力和水平。当然,在日常教学中,小学英语课堂教学评价往往是选择其中一个侧面展开评价,这样更具有针对性。下面通过表9-9、表9-10来说明。

第九章　小学英语教学评价

表 9-9　小学英语课堂教学评价表

执教人：_____　　执教内容：_____

评价项目	内容	权重	得分
教师素质	1. 教态要亲切、自然，师生关系要和谐融洽 2. 具有较强的基本功、教学组织能力、应变能力，如唱歌、表演、简笔画等 3. 具有丰厚的学科知识，能够运用英语展开教学，并且保证语音语调准确、流畅	10	
教学目标	1. 体现《标准》要求，三维目标要明确、具体 2. 与教材要求、与学生实际相符	10	
教学内容	1. 实现科学性、思想性、趣味性的统一 2. 教材处理要得当，并且重难点突出 3. 语言功能为主，并且兼顾语言结构	10	
教学过程	1. 关注学生情感，营造和谐、民主的教学氛围 2. 具有清晰的教学思路，层次分明、结构合理 3. 师生之间互动有效 4. 教学活动与学生的生活贴近且多样 5. 以激励性评价为主，教师评价、学生自评、生生互评相结合 6. 能够从教学内容、学生特点出发，采用现代化信息技术	30	
教学方法	1. 要多样有效 2. 能够为学生提供交流与自主学习的机会	20	
教学效果	1. 教学信息量适中，目标达成度高 2. 课堂气氛浓厚，学生踊跃	12	
教学特点	教学设计有特色，存在独到之处	8	

总评得分：_____　　评定等级：_____

注：90 分及以上为优秀，80～90 分（含 80 分）为良好，60～80 分为合格，60 分以下为不合格。

（资料来源：任美琴，2012）

表 9-10　小学课堂教学评价指标和评价标准

一级指标	二级指标	评价结果		
		A	B	C
基本要求	教学目标	适切性		
		科学性		
	教学过程	学生参与		
		张弛有度		
		关注差异		
		有效、有序		
	教学氛围	课堂氛围		
		师生关系		
	教学效果	知识技能达到程度		
		探究问题是否积极		
		问题解决是否有效		
教学特色(发展性)				

(资料来源:詹丽琴、曹少卿,2012)

三、小学英语课堂教学评价的具体功能

小学英语课堂教学评价能够不断促进学生在学习过程中的成功与进步,从而使学生真正地认识自我,促进他们综合能力的发展。另外,小学英语课堂教学评价能够为教师提供反馈信息,从而不断改进自己的教学情况,提升自身的教学水平。总体而言,小学英语课堂教学评价有如下几点功能。

(一)导向与促进功能

小学英语课堂教学评价应该有助于英语教学目标的实现。众所周知,小学英语课堂教学评价不仅需要评价学生对知识的掌握情况,还需要评价学生的学习态度、发展潜能等,只有通过综合

第九章 小学英语教学评价

性评价,学生才能在英语学习中保证积极的态度,从而形成有效的学习策略,并且具备跨文化的意识。小学英语课堂教学评价应该为英语教学目标服务,这就要求学生应该从目标出发,为自己制订学习计划,并且不断检验自己的学习方法与学习成果,这样才能将自身的潜力挖掘出来,提升自身的学习效率。因此,小学英语课堂教学评价对小学生来说有着积极的导向作用。

另外,小学英语课堂教学评价会对学生日常的学习表现、学习中获得的成绩、学习的情感与态度等展开评价,通过对学生学习的激励,可以帮助学生对自己的学习过程加以调度,让他们逐渐获得自信心与成就感,培养学生之间的合作精神。为了让评价与教学过程有机融合,学校与教师应该营造宽松、开放的评价氛围来评价学习活动与效果,可以建立相应的档案袋等,从而实现评价的多元化。

(二)诊断与鉴定功能

小学英语课堂教学评价对教与学的情况进行了整体评判。在教学过程中,学生往往会通过等级量表等对教师的教授情况、学生的学习情况展开检测,这样便于学校、教师、学生了解具体的教与学情况,判断学生学习过程中有无偏差,从而找出出现问题的原因。

(三)反馈与调节功能

师生通过问卷访谈等,发现教与学中的优点与不足,对教与学过程中的得失进行评价。通过评价,教师以科学的方式反馈给学生,促进学生建立更为全面与客观的认识,为下一阶段的教与学规划内容与策略,有效地开展教与学活动。

(四)展示与激励功能

小学英语课堂教学评价非常关注学生的学习过程,让学生认识自身学习中的成功之处,不断鼓励自己,获得更大的成功。当然,教师还需要适当地提点学生学习中的错误,让他们产生一种焦虑感,从而更加勤奋地参与英语学习。这种鼓励方式,会不断提升学生学习的主动性与积极性。

四、小学英语课堂教学评价的基本原则

在小学英语课堂教学评价中,还需要坚持一定的原则,这样对于评价的实践有更好的指导意义。以这些评价原则为基准,教师才能更好地选择与学生实际情况相符的评价方法。

(一)主体性原则

所谓主体性原则,是指小学英语课堂教学评价主体需要考虑教学价值主体本身——学生的需求,对教学价值客体进行评价。

在传统的课堂教学评价中教师常常被置于核心地位,其被看成教育主体,是知识的灌输者;而学生仅是知识的被动接受者,这样导致课堂教学评价主要针对教师来说的,小学英语课堂教学评价的内容也主要是教师的教学情况。表9-11是一个典型的以教师为评价主体的课堂教学评价表。

表9-11 传统的以教师为主体的小学英语课堂教学评价表

项目	内容	权重	得分
教学目标	(1)是否体现明确的教学目标、教学大纲、教材的特点,是否与教学实际相符 (2)是否落实了教学知识点,是否培养了学生的能力 (3)是否将德育教育寓于知识教育之中	15	
教学内容	(1)教材的处理是否恰当,是否突出了重难点,是否突破了重难点 (2)教学组织是否有清楚的条理,是否简明扼要,是否准确严密,是否难度适中 (3)教学训练是否定向,是否有广度,是否保证强度适中	25	

第九章　小学英语教学评价

续表

项目	内容	权重	得分
教学方法	(1) 教学的设计是否得当,是否体现了教学改革的精神,是否处理好主导与主体之间的关系问题 (2) 教学是否有合理的结构,是否做到教学方法的灵活性,是否将各个环节分配恰当 (3) 教学是否有开阔的思路,是否采用现代化的教学手段,是否能够将学生的学习兴趣激发出来 (4) 教学是否注重学习方法与学习习惯的指导	25	
教学基本功	(1) 教学中是否运用了清晰、生动、规范的语言 (2) 教学中是否保证书写的清晰与特色鲜明 (3) 教学中是否有自如的神态,且保证大方得体	15	
教学效果	(1) 教学中是否保证热烈的气氛,是否给学生留下了深刻的印象 (2) 教学是否能够面向全体学生,是否完成了教学任务,是否实现了良好的教学效果	20	
综合评价		总分:	等级:

(资料来源:任美琴,2012)

显然,从表9-11中可知这类评价主要是评价学生能否接受教师传授的知识以及接受的程度;评价学生的学习情况,目的是对教师的教学内容与教学方法的合适程度进行审查;评价教师的教学基本功等。简单来说,这种教学评价是为教师服务的,并没有展现学生的主体地位。

当前的教学强调有效教学,即发挥学生的认知主体地位,因此课堂教学评价的对象需要从以教师为主导转向以学生为主体,对学生学习情况的评价内容与手段应该从单一转向多元,如对学生学习动机、学习兴趣等都可以进行评价。基于此,课堂教学评价的对象才能转向学生,当然这里并不是说不对教师进行评价,只是说以学生的评价为着眼点,为学生创造更多适合学习的环境,并且对教师的评定标准也是考虑学生来制订的。

因此,主体性原则要求将学生作为评价主体,即评价活动以学生的发展作为目标,评价设计要有助于学生的多元化、个性化发展,发挥学生的主观能动作用,帮助学生形成积极的态度,同时不能损害学生的自尊心,要对学生予以爱护与尊重。

(二)发展性原则

小学英语课堂教学评价应该为学生的发展服务,注重学生信心的树立,发现学生发展过程中所出现的问题,通过反馈对这些问题进行解决,促进他们更好地向前发展。对于发展性原则,一般包含如下几点。

其一,发展性原则要求小学英语课堂教学评价应该从学生主体出发,将学生的需求作为出发点与落脚点。

其二,发展性原则要求小学英语课堂教学评价的目的是促进学生的发展,即只要是对学生发展有利的层面,任何手段与技术都可以运用其中。

其三,发展性原则要求小学英语课堂教学评价对每一位学生的个性特点与原有基础有所把握与关注,从而为每一位学生获得最佳的发展而做出努力。

通过评价,教师才能更好地引导学生对学生的原有基础、认知水平等进行鉴定,认识自己在发展过程中的不足,从而有针对性地进行改进与调整,对自己的学习过程进行优化,使学生获得最佳的发展。除此之外,发展性原则还要求教师对学生的态度、情感等进行关注,以帮助学生形成正确的价值观。

(三)多样化原则

小学英语课堂教学评价应该坚持多样化原则,其主要体现为三大层面。

其一,评价主体要多样化,即不仅涉及教师,还涉及家长、学生等,通过宽松、开放的评价氛围,对教师、家长、学生的参与予以鼓励。

其二,评价形式要多样化,即对学习过程予以关注,要从不同的内容与对象出发,考虑采用自评、互评等评价方式的多元化。

第九章　小学英语教学评价

其三,评价手段要多样化,即可以是教师观察,可以是学生量表等,教师从不同学生的学习差异与策略出发,采用恰当的评价手段,选择适合他们自己的评价方式,从而彰显学生自身的优势,让每一位学生都可以体会成功的喜悦。

(四)过程性原则

小学英语课堂教学评价应该坚持过程性原则,其主要体现为两点。

其一,要全程性,即评价应贯穿于学生学习的全过程。

其二,要动态性,即对发展过程加以鉴定、诊断、调控等,对整个过程的发展方向进行把握。

小学英语课堂教学评价遵循过程性原则,正是这一点,有助于提升学生的学习兴趣,增强学生英语学习的动机与主动性,从而有助于他们的自主学习。

(五)实效性原则

小学英语课堂教学评价强调实效性,即主要是从教育的现实意义与评价行为等层面考量的,其要求在具体的评价实践中,能够将评价的实用价值体现出来。

小学英语课堂教学评价的实效性原则体现在评价方式上是非常方便的,即不要使用烦琐的程序,但是要保证评价的时机与质量。因此,在设计评价内容与方式时,不能与小学英语课堂教学的目标相脱离,要非常关注评价之后产生的实际效果。

参考文献

[1]白雅,岳夕茜.语言与语言学研究[M].昆明:云南大学出版社,2009.

[2]车军.基于自主学习的有效教学策略研究[M].北京:光明日报出版社,2012.

[3]陈冬花.小学英语教学设计[M].北京:高等教育出版社,2015.

[4]陈心武.中小学课堂教学策略[M].北京:人民教育出版社,2000.

[5]段玉山,吴沛林.多媒体课件制作实践[M].上海:华东师范大学出版社,2000.

[6]何广铿.英语教学法教程:理论与实践[M].广州:暨南大学出版社,2011.

[7]贾冠杰.英语教学基础理论[M].上海:上海外语教育出版社,2010.

[8]黎茂昌,潘景丽.新课程小学英语教学理论与实践[M].成都:四川大学出版社,2011.

[9]李雁冰.课程评价论[M].上海:上海教育出版社,2002.

[10]林新事.英语课程与教学研究[M].杭州:浙江大学出版社,2008.

[11]刘润清,韩宝成.语言测试和它的方法(第2版)[M].北京:外语教学与研究出版社,1991.

[12]鲁子问,王笃勤.新编英语教学论[M].上海:华东师范大学出版社,2006.

[13]鲁子问.小学英语课堂教学理论与实践[M].北京:中国电力出版社,2004.

[14]鲁子问.英语教学论[M].上海:华东师范大学出版社,2009.

[15]任美琴.中学英语有效教学的一种实践模型[M].宁波:宁波出版社,2012.

[16]王笃勤.小学英语教学策略[M].北京:北京师范大学出版社,2010.

[17]王鹤.教育信息化背景下的大学英语自主学习探索[M].北京:经济管理出版社,2016.

[18]王华斌.全脑超能记忆力[M].西安:陕西师范大学出版社,2010.

[19]王荣英.大学英语输出教学论[M].上海:上海交通大学出版社,2008.

[20]王远新.语言理论与语言学方法论[M].北京:教育科学出版社,2006.

[21]武尊民.英语测试的理论与实践[M].北京:外语教学与研究出版社,2002.

[22]严明.跨文化交际理论研究[M].哈尔滨:黑龙江大学出版社,2009.

[23]杨连瑞,李丽,王慧莉.二语习得多学科研究[M].青岛:中国海洋大学出版社,2010.

[24]詹丽琴,曹少卿.小学英语课程与教学论[M].北京:北京大学出版社,2012.

[25]中华人民共和国教育部.义务教育阶段英语课程标准(2011年版)[M].北京:北京师范大学出版社,2012.

[26]张志远.儿童英语教学法[M].北京:外语教学与研究出版社,2002.

[27]王蔷.小学英语教学法教程[M].北京:高等教育出版社,2009.

[28]林立.新版课程标准解析与教学指导·小学英语[M].北京:北京师范大学出版社,2012.

[29]亢宣华.掌握学习理论在中职语文教学中的应用研究——以忻州师范学院五寨分院为例[D].秦皇岛:河北科技师范学院,2018.

[30]李博文.小学英语教学活动设计的研究[D].武汉:华中师范大学,2016.

[31]林敏.小学六年级学生自我评价影响因素的研究[D].福州:福建师范大学,2004.

[32]史俊霞.小学英语生命化教学的研究[D].武汉:华中师范大学,2015.

[33]王兆玥.建构主义视角下提高初中学生英语口语能力的实证研究[D].哈尔滨:哈尔滨师范大学,2018.

[34]乌日汗.小学英语生态教学的课堂设计[D].重庆:重庆师范大学,2016.

[35]席艳华.小学英语生态化课堂教学策略研究[D].聊城:聊城大学,2017.

[36]杨文静.多媒体技术与小学英语教学整合的研究[D].重庆:重庆师范大学,2015.

[37]易明.多媒体在中小学英语教学中的运用研究[D].长沙:湖南师范大学,2012.

[38]詹梦.陈鹤琴小学教育思想对当前小学英语教学的启示[D].贵阳:贵州师范大学,2017.

[39]张炬."最近发展区"理论在人教版高中生物《分子与细胞》中的实践研究[D].哈尔滨:哈尔滨师范大学,2018.

[40]赵娟.认知同化学习理论在高中历史教学中的应用研究[D].南京:南京师范大学,2014.

[41]包玲玲.小学英语词汇的教学方法[J].读与写(教育教学刊),2019,(1).

[42]曹怡婷.小学英语词汇情境教学模式的建构途径探索

[J].名师在线,2019,(2).

[43]陈秋逸.小学中年级英语写作教学的实施及策略[J].科学咨询(教育科研),2019,(2).

[44]陈向荣.教学法在小学英语语法教学中的应用情境[J].课程教育研究,2019,(5).

[45]程丽超.小学英语语法教学探讨[J].中国校外教育,2019,(12).

[46]代祥敏.小议多媒体在数学教学中的作用[J].读与写(教育教学刊),2008,(9).

[47]邓秀华.小学英语课堂板书有效性探析[J].湖南第一师范学院学报,2015,(3).

[48]丁书琴,陈春香.建构主义视域下课堂板书的应用——以小学英语课堂为例[J].文教资料,2017,(16).

[49]杜琳.建立学习共同体　打造新型师生关系——人本主义学习理论在师生关系中的应用[J].课程教育研究,2013,(4).

[50]耿晓红,孙学彬.现代教育技术使语文课更精彩[J].中国教育技术装备,2012,(22).

[51]顾善萍.论小学英语课堂教学板书的合理使用[J].教育实践与研究(A),2013,(11).

[52]何晓芬.论简笔画在英语教学实践中的妙用[J].成才之路,2016,(28).

[53]胡燕.农村小学英语课外活动的实践与反思[J].成才之路,2015,(31).

[54]黄艾雯.小学英语阅读教学有效性提高策略分析[J].英语广场,2019,(4).

[55]邝丽愉.小学生英语口语水平教学中三步促成法有效运用[J].科学咨询(科技·管理),2019,(2).

[56]李婕.谈简笔画在小学英语课堂中的运用[J].云南科技管理,2017,(6).

[57]李解人.高校英语教师如何更好地适应多媒体教学环境

[J].科学之友,2009,(9).

[58]李俏.二语习得和外语教学的认知心理学探讨[J].课程·教材·教法,2005,(11).

[59]李瑞青.小学英语教学的特点及重要原则[J].教育实践与研究,2002,(11).

[60]李小艳.小学英语写作教学探索[J].中国校外教育,2019,(10).

[61]刘婵.浅谈小学英语听力教学的现状及教学策略[J].中国校外教育,2019,(7).

[62]刘东杰.小学英语语音教学的实践与思考[J].中国校外教育,2019,(3).

[63]刘海洋.浅谈人本主义学习理论对我国传统课堂教学的启示——以学生为中心[J].科教导刊(上旬刊),2013,(7).

[64]刘霙.小学英语会话教学有效情境创设[J].课程教育研究,2019,(3).

[65]柳小丽,李桔元.转换生成语法和系统功能语法视角下的英语教学观对比[J].当代教育理论与实践,2011,(2).

[66]马海英.浅析小学英语语法教学[J].学周刊,2019,(2).

[67]彭冬妮.浅谈小学英语写作教学策略[J].英语广场,2019,(1).

[68]戚丽丽.基于生活化背景下小学英语词汇教学的有效应用[J].读与写(教育教学刊),2019,(1).

[69]钱丽娜.提高小学英语词汇教学的有效性策略[J].读与写(教育教学刊),2019,(2).

[70]沈瑜.浅谈小学英语教学中对"板书"的思考[J].内蒙古教育,2016,(17).

[71]史小琴.小学英语语音教学的现状及对策[J].甘肃教育,2019,(7).

[72]王爱萍.浅谈提高小学英语阅读能力的教学问题[J].学周刊,2019,(13).

[73]王晓敏.浅析小学英语语法教学的开展方法[J].中国校外教育,2019,(9).

[74]韦璐.人本主义学习理论在外语教学中的运用[J].科技信息,2010,(8).

[75]魏亚琴.新课程下学生评价方式的变革——浅谈表现性评价[J].辽宁教育行政学院学报,2004,(11).

[76]肖瑜.人本主义学习理论对教学设计的指导意义[J].琼州大学学报,2004,(4).

[77]肖旭.怎样利用多媒体教学方式上好西方文化入门课——以 Bible and Christianity 为例[J].前沿,2013,(3).

[78]徐兰芳.简笔画在小学英语教学中的运用研究[J].科技资讯,2018,(33).

[79]徐英姣.小学英语教学板书区域划分研究[J].成才之路,2015,(3).

[80]严淑萍.小学低年级英语教学中渗透语音知识的实践探索[J].甘肃教育,2019,(3).

[81]岳军霞.多媒体技术与小学英语教学的整合[J].学周刊,2019,(9).

[82]张洁,张顺生.趣味漫画在小学英语课外活动中的实践[J].基础外语教育,2017,(1).

[83]张蕾.论小学英语故事教学与多媒体技术[J].学周刊(旬刊),2017,(17).

[84]张敏.小学英语语音教学的问题与对策[J].中国农村教育,2018,(24).

[85]张文清.关于小学英语阅读教学之我见[J].读与写(教育教学刊),2019,(3).

[86]郑改芝.大学英语多媒体教学的弊端及对策[J].河南教育(中旬),2011,(4).

[87]周晓艳.浅析如何提高小学生英语口语能力[J].英语广场,2019,(4).

[88]朱伯华.浅谈小学英语语法的教学[J].学周刊,2019,(6).

[89]AlFally,I. The role of some selected psychological and personality traits of the rater in the accuracy of self-and peer assessment [J]. *System*,2004,(3).

[90]B. Tuckman. *Evaluating Instructional Programs*[M]. Boston:Allyn & Bason Inc. ,1979.

[91] K. Montgomery. *Authentic Assessment:A Guide for Elementary Teachers* [M]. Beijing:China Light Industry Press,2004.